AMIZADE É TAMBÉM AMOR

Do Autor:

As Solas do Sol
Um Terno de Pássaros ao Sul
Terceira Sede
Biografia de Uma Árvore
Cinco Marias
Como no Céu & Livro de Visitas
Meu Filho, Minha Filha
O Amor Esquece de Começar
Canalha!
Mulher Perdigueira
www.twitter.com/carpinejar
Borralheiro
Ai Meu Deus, Ai Meu Jesus
Espero Alguém
Para Onde Vai o Amor?
Me Ajude a Chorar
Felicidade Incurável
Todas as Mulheres
Amizade é Também Amor
Cuide dos Pais Antes que Seja Tarde
Minha Esposa Tem a Senha do Meu Celular
Família é Tudo
Carpinejar
Depois é nunca
Manual do luto

CARPINEJAR

AMIZADE É TAMBÉM AMOR

BB
BERTRAND BRASIL

Rio de Janeiro | 2025

CIP-BRASIL. CATALOGAÇÃO NA FONTE
SINDICATO NACIONAL DOS EDITORES DE LIVROS, RJ

C298a   Carpinejar
           Amizade é também amor / Carpinejar. - 6. ed. - Rio de Janeiro :
           Bertrand Brasil, 2025.

           ISBN 978-65-5838-138-9

           1. Crônicas brasileiras. I. Título.

2281878   CDD: 869.8
                                    CDU: 89-94(81)

Gabriela Faray Ferreira Lopes - Bibliotecária - CRB-7/6643

Copyright © Fabrício Carpi Nejar, 2017

Editoração: Futura

Capa: Leonardo Iaccarino

Texto revisado segundo o Acordo Ortográfico da Língua Portuguesa de 1990.

Todos os direitos reservados.
Não é permitida a reprodução total ou parcial desta obra, por quaisquer meios, sem a prévia autorização por escrito da Editora.

Direitos exclusivos de publicação em língua portuguesa somente para o Brasil adquiridos pela:
EDITORA BERTRAND BRASIL LTDA.
Rua Argentina, 171 — 3º andar — São Cristóvão
20921-380 — Rio de Janeiro — RJ
Tel.: (21) 2585-2000

Impresso no Brasil

ISBN 978-65-5838-138-9

Seja um leitor preferencial.
Cadastre-se no site www.record.com.br
e receba informações sobre nossos
lançamentos e nossas promoções.

Atendimento e venda direta ao leitor:
sac@record.com.br

Sumário

ERA FELIZ COM TÃO POUCO 11

DÊ UM DESCONTO AO AMIGO 14

ESTRANHO EQUILÍBRIO 16

A PAZ DOS DEFEITOS 18

DEFINITIVO 21

EXPECTATIVA E ESPERANÇA... 23

ATÉ A LIGAÇÃO CAIR 25

SENSAÇÃO TÉRMICA 27

AQUELE QUE SOFRE MENOS.. 29

BRIQUE DO AMOR 31

O PECADO MAIOR... 33

SOU A PRÓPRIA SESSÃO DA TARDE 37

DEPENDE DO PONTO DE VISTA 39

PASTA DE COURO 41

O QUÊ?... 43

INFELICIDADE É... 45

MÁFIA SICILIANA 47

DIAS NULOS 49

ORAÇÃO PELA VIDA 51

NO TEMPO EM QUE TODOS ESTAVAM VIVOS 53

JAMAIS 55

COITADO DO HULK 57

CAFEZINHO 59

VIZINHOS NO OLHO MÁGICO 62

INIMIGO-SECRETO 64

FESTA DA FIRMA 66

PRESENTE ÚTIL 68

DUVIDO 70

SINDICALISTA 72

FÁCIL SE SEPARAR, DIFÍCIL VOLTAR 74

SEGREDO ENTRE DEUS E HOMEM 77

SOMOS A PRÓPRIA CASA 79

IDADE DE MEU PAI 82

A SAUDADE PERDOA 84

DIGA O SEU NOME E A CIDADE DE ONDE ESTÁ FALANDO 86

NÃO TEM NINGUÉM EM CASA 88

CORAÇÃO FIXO DOS PAIS 90

O SELFISTA 92

GAFES FAMILIARES 95

OS PÉS NÃO SÃO ESCRAVOS 97

MEU NOME É LEGIÃO 99

TÁTICAS PARA SER VISTO PELO GARÇOM 101

ENTRE VIDRAÇAS E VITRINES 103

MÃEZINHA POR TODA A VIDA 105

SÓ 107

LOUCURA POR AMOR 110

VAGA-LUMES E POKÉMONS 112

QUANDO MORDI A MINHA LÍNGUA 114

MOLETOM NA CINTURA 116

O APOCALIPSE DE POLAINA 118

A GENTILEZA É O ÓLEO DAS RELAÇÕES 120

O FIM DO NOME 122

CRISTALEIRA 124

CIÚME É BOM 126

CADÊ A COXINHA? 128

A CAPA DE SUPER-HERÓI DOS CADERNOS 130

MEU FILHO GRANDE 133

SILÊNCIO DO INVERNO 135

BANHO DE CANECA 137

MELHOR A EMENDA 139

GUARDADORA 141

COMBO-FAMÍLIA 143

AUTOESCOLA PARA CONDUTORES DE GUARDA-CHUVA 145

A CASA NO PÁTIO 148

PAPELÃO 150

CAPRICHOS ADOLESCENTES 152

RAPIDEZ INSUPORTÁVEL NA MESA 154

FIQUE ATÉ O FIM 156

MÃE NO CINEMA ... 158

FRANCESCA ... 160

NÃO É NÃO ... 162

SOU UM HOMEM DE RÁDIO ... 164

VAMOS RIR DISSO TUDO ... 166

ACHADO NÃO É ROUBADO ... 168

CASA DA SOGRA ... 170

O INCÊNDIO ... 173

NOSTALGIA DA CAPITAL ... 175

BLUE JEANS ... 177

O NOSSO NADA ... 179

PARAFUSO ... 181

RIVOTRIL OU RITALINA ... 183

A MATEMÁTICA DO AMOR ... 185

ANIVERSÁRIO DA AMIZADE ... 187

VOU TENTAR ... 189

A VIDA É UM BRINCO ... 192

O BRILHO GENEROSO DO AMOR ... 195

A BELEZA QUE PÕE A MESA ... 197

TRABALHOS DE HÉRCULES ... 199

OS DOIS LADOS DA INTIMIDADE ... 202

LASCA INÚTIL ... 204

DE CHINELO OU SALTO ALTO ... 206

SANTINHO ... 208

FINAL DE SEMANA PERFEITO ... 210

AGRADÁVEL INSATISFAÇÃO ... 212

TER RAZÃO É DE MENOS 214

SE FOSSE DIFERENTE 217

CAIXINHA DE MÚSICA 220

QUE ASSIM SEJA 222

NÃO É SIMPLES SE APAIXONAR 225

CIUMINHO 228

NÃO FAÇA O OUTRO SOFRER O QUE VOCÊ SOFREU 230

ANOTAÇÕES SOBRE A SAMAMBAIA 232

ROUBAVA A PRÓPRIA CASA 234

SIMPLES, CHIQUE E METIDA 236

QUANDO A ALEGRIA CHORA 239

SETE DIAS 241

APOIAR OU APROVAR 243

#MUITOAMOR 245

O ENIGMA MASCULINO DO FILTRO SOLAR 247

CORNO MANSO, MANSINHO 250

NÃO FOI ASSIM 253

A CESTINHA 256

ONDE ESTÃO OS OVOS? 258

FALHA IMPERDOÁVEL 260

MINHA AMANTE 261

NÃO EXISTE CONVERSA DE ADULTO 264

A ESPERANÇA DA MÃE 266

NASCI PARA CHORAR 268

TEMPO EMOCIONAL 270

SOMOS TODOS CHAPECOENSE 272

TRISTE MORTE...274

BOM DIA, ALEGRIA...276

AUTOR E OBRA..279

ERA FELIZ COM TÃO POUCO

No meu primeiro apartamento, formei as minhas estantes de tijolos e tábuas colhidas na rua, e eu era feliz.

Tinha dois bancos feitos de engradados jogados fora por um bar, decorados com almofadas coloridas, e era feliz.

Tinha de cama simplesmente um colchão no chão, e era feliz.

Tinha quatro pratos e quatro pares de talheres e não podia receber mais gente, e era feliz.

Tinha um ventilador que funcionava melhor sem a tampa, e era feliz.

Tinha Bombril na antena da televisão, desespero para capturar três canais, um com tempestade na tela, o segundo com chuvisco e o terceiro com neblina, e era feliz.

Tinha vasos pintados a partir de garrafas de suco, e era feliz.

Tinha um lençol que servia de cortina. A claridade não me permitia dormir depois das oito horas, e era feliz.

Tinha como lixo uma sacola plástica presa na torneira do tanque, e era feliz.

Tinha a mania de somente beber água de graça, e era feliz.

Tinha a tática de atrasar o condomínio a cada dois meses, e era feliz.

Tinha como arara as pernas de mesas viradas de escritório, onde aproveitava cinco peças para o mesmo cabide, e era feliz.

Tinha que secar o banheiro depois do banho com o rodo, pois não havia cortina no box, e era feliz.

Tinha abajur informe de papelão, que aprendi na aula de educação artística, e era feliz.

Tinha duas tomadas que produziam choque, e era feliz.

Tinha que esperar acumular mudas sujas por uma semana para lavar na mãe, e era feliz.

Tinha uma geladeira vazia, com lâmpada queimada. Ela imitava o ronco do meu estômago, e era feliz.

Tinha um chuveiro que se assemelhava a uma bomba--relógio, ninho de fios coloridos soltos junto à parede, e era feliz.

Tinha palito de dente como fio dental, prendedor de roupa como pegador de massa, uma panela multifuncional, e era feliz.

Tinha o papel-toalha com vocação de guardanapo e papel higiênico, e era feliz.

Tinha que colocar as cuecas e meias na janela da sala, único lugar em que batia sol, e era feliz.

Tinha um cinzeiro de vidro de maionese, e era feliz.

Tinha uma faca cega, que não enxergava dentro do pão, e era feliz.

Tinha um tapete que embolava quando saía com pressa, e era feliz.

Tinha um gás com sete vidas. Quando acabava, deitava o botijão, e era feliz.

Sobreviver me transbordava de humor.

Sempre dava um jeito, não perdia tempo reclamando, ia me adaptando. Ria de meus problemas para não os fazer importantes.

A verdade é que a pobreza nunca me roubou a felicidade.

DÊ UM DESCONTO AO AMIGO

Não estrague a amizade porque o seu amigo anda chato. É uma fase. Pode ser falta de dinheiro, problemas familiares, um amor doente que ele fracassa em desatar.

Mas cuidado para não tornar definitivo o que é provisório. Ele está chato, não é chato. Rememore o quanto vocês se conhecem, o quanto viveram de cumplicidade e segredos, o quanto superaram adversidades e desilusões.

Não vale a pena sacrificar uma história inteira feliz por um dia ruim. Uma indiscrição, uma grosseria e uma aspereza não significam que tudo foi em vão. Pondere, todo amigo tem o direito de errar e explodir, de incomodar e se desculpar.

Não converta a falta de sintonia passageira em distanciamento permanente. Desfazemos grandes lealdades por bobagens. Transformamos desentendimentos, resultantes de uma crise pessoal, em divergências irreversíveis da relação.

Com uma propensão imediatista, enxergamos somente o período turbulento e desagradável e esquecemos de reconhecer o companheirismo anterior. Falta-nos paciência para encarar as lamúrias e contextualizar os ataques. No lugar de respirar um pouco e oferecer um desconto, tratamos de responder as agressões com violência.

Dê um tempo para o amigo, afaste-se por uma semana, crie saudade de um mês, porém não destrua os laços em função de uma implicância. Às vezes ele não quer ser ajudado, às vezes não há como socorrer aflições, às vezes ele não desfruta de condições para escutar seus conselhos, às vezes ele ofende jurando que vem sendo apenas sincero.

Deixe estar. Não fique perto, abra espaço para que ele reflita e se acalme, não se apoie na raiva que aumenta o desconforto e intensifica as retaliações. Evite desligar o telefone na cara, controle-se para não cobrar a devolução dos presentes e afetos, silencie antes de estabelecer ultimatos, contenha-se para não misturar medos antigos com os novos e realizar chantagens emocionais, recue no bate-boca, fuja da conta da culpa e, concordando ou discordando, diga que vai pensar e que retornará depois. Por enquanto, feche as janelas e conserve a porta aberta.

Entenda que as melhores companhias nem sempre são boas companhias. A simbiose que existe numa amizade, de um espelhar o outro, de um ser o outro, é perigosa. Quando alguém pretende se destruir, leva junto quem vive próximo. Os confidentes são os primeiros a sofrer maus-tratos.

Amizade é também prever o momento de se retirar para voltar com mais força e amor redobrado.

ESTRANHO EQUILÍBRIO

Eu descobri ontem um provérbio perfeito: se quer ser amigo feche um olho, se quer manter uma amizade feche os dois olhos.

Faz muito sentido. Amigo é não se meter, por mais que tenhamos intimidade, é respeitar a decisão mesmo que não seja o que você pensa.

Se ele procura namorar alguém que você não gosta, é dar apoio igual. Se ele pretende permanecer num emprego que você não acha justo, é dar apoio igual. Se ele busca manter uma vida que você não considera ideal, é dar apoio igual.

É estar junto apenas, para qualquer dos lados.

Amizade é dança. Acompanhar o ritmo da música.

É opinar, expor sua crítica, mas não viver pelo outro.

É não intervir, não pesar a mão, não exagerar.

Amigo não é ser pai, não é ser mãe, não é educar.

É aceitar o que ele é, é reconhecer o que ele deseja, ainda que seja muito diferente de suas crenças.

É entender o momento de falar e entender também o momento de silenciar.

Análise demais estraga a amizade. Você estará sendo terapeuta, não amigo.

É discordar e seguir adiante. Não é discordar e fazer oposição, boicote, greve. Até que nosso amigo mude de ideia.

Amigo é oferecer conselho, não um sermão. É alertar, jamais insistir.

Amizade é fugir do julgamento, é compreender a alternância, os altos e baixos, os desabafos.

Amigo não cobra coerência, não fica em cima cutucando feridas.

É saber de tudo e agir como se não soubesse de nada. É não ficar apontando o que é certo ou errado.

Amizade é difícil. Amizade é um estranho equilíbrio.

Mas amizade não é cegueira. É a arte de enxergar com os ouvidos.

A PAZ DOS DEFEITOS

Os amigos não precisam estar ao lado para justificar a lealdade. Mandar relatórios do que estão fazendo para mostrar preocupação.

Os amigos são para toda a vida, ainda que não estejam conosco a vida inteira. Temos o costume de confundir amizade com onipresença e exigimos que as pessoas estejam sempre por perto, de plantão.

Amizade não é dependência, submissão.

Não se tem amigos para concordar na íntegra, mas para revisar os rascunhos e duvidar da letra.

É independência, é respeito, é pedir uma opinião que não seja igual, uma experiência diferente.

Se o amigo desaparece por semanas, imediatamente se conclui que ele ficou chateado por alguma coisa.

Diante de ausências mais longas e severas, cobramos telefonemas e visitas. E já se está falando mal dele por falta de notícias. Logo dele que nunca fez nada de errado!

O que é mais importante: a proximidade física ou afetiva?

A proximidade física nem sempre é afetiva.

Amigo pode ser um álibi ou cúmplice ou um bajulador ou um oportunista, ambicionando interesses que não o da simples troca e convívio.

Amigo mesmo demora a ser descoberto. É a permanência de seus conselhos e apoio que dirão de sua perenidade.

Amigo mesmo modifica a nossa história, chega a nos combater pela verdade e discernimento, supera condicionamentos e conluios. Briga com a gente pelo nosso bem-estar.

Assim como há os amigos imaginários da infância, há os amigos invisíveis na maturidade.

Aqueles que não estão perto podem estar dentro.

Tenho amigos que nunca mais vi, que nunca mais recebi novidades e os valorizo com o frescor de um encontro recente.

Não vou mentir a eles "vamos nos ligar?" num esbarrão de rua.

Muito menos dar desculpas esfarrapadas ao distanciamento.

Eles me ajudaram e não necessitam atualizar o cadastro para que sejam lembrados.

Ou passar em casa todo o final de semana e me convidar para ser padrinho de casamento, dos filhos, dos netos, dos bisnetos.

Caso encontre-os, haverá a empatia da primeira vez, a empatia da última vez, a empatia incessante de identificação.

Amigos me salvaram da fossa, amigos me salvaram das drogas, amigos me salvaram da inveja, amigos me salvaram da precipitação, amigos me salvaram das brigas, amigos me salvaram de mim.

Os amigos são próprios de fases: da rua, do Ensino Fundamental, do Ensino Médio, da faculdade, do futebol, da poesia, do emprego, da dança, dos cursos de inglês, da capoeira, da academia, do blog. Significativos em cada etapa de formação.

Não estão na nossa frente diariamente, mas estão na nossa personalidade, determinando, de modo imperceptível, as nossas atitudes.

Quantas juras foram feitas em bares a amigos, bêbados e trôpegos?

Amigo é o que fica depois da ressaca. É glicose no sangue. A serenidade. A paz de não esconder os defeitos.

DEFINITIVO

Amizade vai além do momento.

É comum ser amigo de contextos idênticos e se distanciar com os hábitos diferentes. Quando você está solteiro, o normal é fazer cumplicidade com quem frequenta festas e não se apega a uma relação. Quando está casado, o normal é criar laços com outros casais e privilegiar jantares e viagens. Quando está com filhos, o normal é sair com quem também está conhecendo as manhas e as longas manhãs dos bebês.

Amizade verdadeira ultrapassa a normalidade e o oportunismo do convívio.

Estas nem são amizades verdadeiras, mas afinidades circunstanciais. São colegas de uma época, de uma fase, de um estilo. Acabam unidos provisoriamente por um gosto, circunscritos a uma vizinhança etária. Desaparecem diante de nossa primeira mudança, de nossa primeira transformação de personalidade.

Permanecem quando há um interesse imediato, um arranjo benéfico do cotidiano, e somem quando não existe mais uma desculpa para se ver e se ouvir. Dependem de um pretexto para se manter próximos.

Os conhecidos da academia ficarão no passado dos halteres assim que cansarmos dos treinos.

Os conhecidos da faculdade ficarão na lembrança do quadro-negro assim que nos formarmos.

Os conhecidos dos cursos de idiomas ficarão nos livros de exercícios assim que dominarmos uma nova língua.

Amigo mesmo é o que não experimenta uma fase igual e permanece junto. Quebra o espelho e não se machuca com os cacos.

Amigo mesmo é o que não tem filho e vem brincar com nossas crianças, não reclama dos gritos e dos choros e não diz que "pela trabalheira, não pensa em ser mãe ou ser pai tão cedo". Não se justifica, está lado a lado qualquer que seja o cenário.

É aquele que se separou e não amaldiçoa nossa paixão recente. É aquele que não tem emprego fixo e não inveja o nosso sucesso. É aquele que não tem nenhum problema grave e escuta com paciência e atenção as nossas lamúrias.

Não é o de empatia fácil, feita de experiências semelhantes: só porque atravessa a fossa entende a nossa fossa, só porque transborda de alegria festeja a nossa alegria. Amigo não dá nem para contar nos dedos, pois sempre estará segurando a nossa mão.

EXPECTATIVA E ESPERANÇA

O amigo é aquele que tem todos os motivos para desistir de você e não desiste. Você fez por merecer a separação. Exagerou. Afastou o abraço, gritou que ele não o compreende. Mas o amigo entende até na incompreensão. Aguarda entender.

O amigo não renuncia a amizade mesmo quando você desistiu.

Insistente como o esquecimento dos velhos. Desperta o humor no desespero e se desespera com a ausência de notícias.

O amigo não numera as páginas do livro. Toda página pode ser a mesma.

O amigo inventa a insônia com uma gaita de mão ou uma cerveja gelada.

O amigo é capaz de esconder seu amor para proteger a amizade e de me aconselhar a seguir o que ele mesmo tinha vontade.

O amigo conhece as minhas dores para não tocá-las, não me tortura com os meus defeitos, e me perdoa por não ser como ele. Aliás, agradece-me por não ser igual a ele.

O amigo não usa meus segredos para ganhar outros amigos.

É o amigo que abre o vidro do carro para apanhar o resto do céu, que canta alto no volante no momento em que ansiava pelo silêncio e me obriga a dispensar a timidez para desafinar junto. É o amigo que me espera no recreio e no final da aula.

Não é aquele amigo que foge na primeira ofensa, que se isola ofendido num canto, amarrado no orgulho, condicionado às palavras.

É o que fala através de mim, não por mim.

Não é aquele amigo que me ofende porque não atendi às suas expectativas.

Amigo não tem expectativa, tem esperança. O amigo vai procurá-lo não sendo necessário. Vai aumentá-lo enquanto se sente diminuído e vai diminuí-lo para preveni-lo da ambição.

Tive amigos que se fecharam, desapareceram, que me trocaram por uma fofoca, que chegaram à porta e recuaram ao portão. Esses amigos não foram amigos, se é amigo só depois da amizade.

Depois de sofrer com a amizade. O amigo é como um irmão, com quem se briga feio, se discute aos pontapés e palavrões e volta a se falar. Volta a se falar porque é irmão.

O amigo sempre volta. Pensando bem, não volta, nunca saiu do lugar. Ele é a rua que atravesso para chegar em casa.

ATÉ A LIGAÇÃO CAIR

Faço a ronda telefônica com os meus amigos: José Klein, Mário Corso, Everton e Eduardo Nasi. É a ala masculina da fofoca. Todo dia falo com eles antes de começar as atividades mais pesadas do trabalho. Eles são a minha fonte de notícias, ideias de crônicas, não me deixam alienado dos principais acontecimentos noturnos da cidade. Como também efetuam a minha manutenção emocional e, dou, em contrapartida, um suporte para os seus amores e dissidências.

Não pulo nenhum deles da rotina matinal e do plantão sentimental. Qualquer homem de bem tem seu bar predileto e seus apóstolos. O compromisso está acertado pelo sangue do destino. Eu escreverei a biografia deles exagerando em suas proezas, eles escreverão o meu necrológio mentindo a meu respeito. Somos leais aos sonhos mais do que aos fatos.

O engraçado é que se a ligação cai ninguém telefona de volta. É uma etiqueta dos machos.

Diferente do tricô do timbre da mulher com as amigas, não há desespero ou mal-estar. Entendemos a fragilidade das operadoras, os vários pontos sem cobertura pelos bairros. Fazemos de conta que acabou o crédito, simples assim. Aceitamos generosamente o inesperado. O que não era para ser não será. Não confundimos a falta de retomada com indiferença e aspereza. Não nos penalizamos com hipóteses fatalistas de assalto e acidente. Não temos aquela paranoia de supor que o outro desligou na cara — coisa que só ocorre no início dos romances. Não cobramos um tchau e um aceno solene.

Eu acho que inclusive gostamos da roleta-russa da voz. É um suspense que acelera o raciocínio e previne a incontinência verbal.

Guardamos uma simpatia por não precisar enrolar com a despedida e sermos educados a ponto de ouvir o que não nos interessa.

Falamos até cair — é o nosso pacto. E vai cair, não há dúvida disso com o congestionamento caótico de linhas e sinais neste mundo.

O que não foi dito repassamos automaticamente para o próximo papo. Pendências não viram tragédias. Homem não sofre com o que ficou inacabado e imperfeito.

Para que insistir? Resumimos o que nos incomoda em dez minutos, menos ainda. Talvez num grito ou num bah!

Amigo é econômico no afeto, mas sempre pontual na tristeza.

SENSAÇÃO TÉRMICA

Emoções são fatos. Não dá para desprezar como alguém sente uma experiência, ainda que esteja aumentando a importância do ocorrido.

A versão é a verdade de cada um. É o jeito que a pessoa percebeu emocionalmente uma cena. É o que ela pode entender ou aceitar, de acordo com a sua formação, os seus tabus e preconceitos.

Para alguns, mentir sobre a demora na entrega de um trabalho é motivo de demissão. Para outros, é educação. Para alguns, a deslealdade é motivo de separação. Para outros, é sinal de imaturidade e merece o perdão.

Tem gente que desculpa a infidelidade, tem gente que vira as costas e nunca mais oferece uma segunda chance.

Eu parei de provocar a minha irmã com berros fantasmagóricos de surpresa quando notei que ela começava a chorar, exatamente os mesmos sustos que produziam risos consecutivos em meu irmão. O contentamento de um é a tristeza do próximo.

Não há como antever como os outros vão reagir aos dilemas e impasses da vida. É o que chamo de sensação térmica da personalidade.

Assim como a temperatura pode registrar 30 graus e a sensação térmica ser de 40 graus, o sofrimento de um amigo ou familiar pode ser bem maior do que o tamanho da realidade, o que não invalida o desabafo.

O nordestino pode se cobrir de casacos em passagem pela serra no verão enquanto os moradores desfilam de camiseta, a impressão é que manda.

Uma tentativa frustrada de assalto talvez renda mais desespero do que alguém que sofreu um sequestro.

Há a ciência do tempo, há a meteorologia, mas também as alterações sentimentais do cotidiano.

Toda pessoa é um idioma à parte.

Temos que nos preocupar com os efeitos da dor mais do que com a precisão dos acontecimentos.

Não se deve desmerecer a conversa porque o assunto não nos interessa. Ou julgar com os nossos próprios referenciais.

Para quem sabe nadar, o medo da água é ridículo. Para quem gosta de show, o medo da multidão é patético. Para quem dança, as coreografias da micareta são fáceis.

Esquecemos de ponderar sobre a sensação térmica do coração.

Não me incomodo com os passionais, os dramáticos e os operísticos. Respeito os efeitos especiais da linguagem. O exagero é uma forma de dizer o que está incomodando e de diminuir a angústia com as palavras.

AQUELE QUE SOFRE MENOS

Quem não recorda o aniversário de namoro, o primeiro beijo, a primeira transa, quem não reconstitui onde se conheceram, que roupa estavam vestindo, sofre menos com a separação.

Quem não tenta fixar o último beijo, reprisar a última frase, recuperar a derradeira mensagem, sofre menos com a separação.

Quem não colecionava fotos, não se preocupava em guardar pasta do casal nos meus documentos, sofre menos com a separação.

Quem não tinha fé quando faltava compreensão sofre menos com a separação.

Quem não comemorava os meses quebrados, depois os anos inteiros de relacionamento, não fazia a ordem cronológica dos diálogos, não recuperava as grandes piadas, não conservava os maiores encantos, sofre menos com a separação.

Quem não trazia as alegrias para as brigas, mesmo as minúsculas, para suavizar a raiva, sofre menos com a separação.

Quem não desenvolvia dialetos, expressões, não dava apelidos carinhosos, não infantilizava e envelhecia o outro para recuar e avançar em todos os tempos da vida, sofre menos com a separação.

Quem não abria a agenda para preparar jantar em casa, regado a vinho e músicas prediletas, quem não telefonava para avisar da lua cheia no céu, sofre menos com a separação.

Quem não criava presentes, não escrevia cartões e cartinhas antes de sair em viagem, quem não preparava declarações públicas nas redes sociais, sofre menos com a separação.

A dor é memória multiplicada, do que aconteceu e, em especial, do que não aconteceu.

Só sofre quem se comprometia a lembrar de tudo porque nada era insignificante.

Homens e mulheres de pouca memória estão salvos, não conhecem a angústia do amor.

BRIQUE DO AMOR

A campanha de agasalho era dentro de casa. Eu recebia as roupas do irmão mais velho e o irmão mais novo recebia as minhas roupas. Não havia banho de loja. Fui do tempo em que não existia shopping center.

Herdei calças e camisas do Rodrigo. Por sua vez, Miguel herdou as minhas calças e camisas.

A mãe ajeitava as bainhas e as mangas e me moldava ao corpo das roupas (nunca as roupas se moldavam ao meu corpo). Tanto que até hoje, quando vou provar algo, eu não me importo quando está um pouquinho curto ou largo demais, perdoo a imperfeição.

Na infância, vestir significava somente não passar frio. Não correspondia a se embelezar. Calças e casacos ostentavam, sem nenhuma vergonha, remendos de couros e cicatrizes. Cuecas e meias viviam costuradas.

O sapato gozava da importância inexplicável de um carro. Trocava-se a sua sola frequentemente para que continuasse sendo usado. O sapateiro emergia como uma referência insubstituível do bairro, assim como o padeiro, o padre e o médico. Desfrutava da responsabilidade de passar na sapataria depois da aula para buscar as encomendas familiares.

Ocorria dentro de casa a antecipação do testamento em vida. Não se esperava o inventário para partilhar os pertences. Firmávamos uma estranha hereditariedade do vestuário.

Disputávamos a pasta e a carteira velha do pai, brincávamos do faz de conta financeiro com os carnês vencidos. Nada se perdia, tudo trocava de mão, de braço e de perna.

Os agasalhos duravam três gerações. O conteúdo das gavetas mudava de dono e jamais ia fora.

Acho que temos que recuperar, diante da atual crise financeira, o valor emocional dos objetos. Não me importo em ganhar presentes usados, pois serão lembranças com alta carga simbólica. Desde pequeno, aprendi a reaproveitar o amor e valorizar cartas de agradecimento.

Quando não tínhamos dinheiro, na escola, preparávamos cartões para o dia dos pais e das mães, por que não recuperar esse artesanato da letra e do desenho no mundo adulto?

Dê seu moletom preferido para alguém do seu círculo de amigos ou passe adiante um livro de seu gosto ou um CD que harmonizou os seus ouvidos para a saudade. Não se envergonhe de sua pobreza; que seja uma pobreza alegre, repartindo o santuário de sua sobrevivência.

Não sofra com o que não tem, ofereça aquilo que você é.

O PECADO MAIOR

O orgulho não é apenas um pecado, é uma tirania. É alguém que falsifica a memória para atender ao capricho de seus desejos.

É um pecado invisível, imperceptível na aparência, já que traz confiança e combatividade.

O orgulhoso parece que está bem, mas unicamente não para quieto um minuto para descobrir o quanto está mal.

O orgulho não escuta, não tem a humildade do engano. Vem de pessoas apressadas de certezas, que já buscam convencer o outro antes mesmo de terminar a conversa e acolher o contraponto.

O orgulho ferido sangra a esperança, até desaparecer o futuro.

O orgulho é quando o espelho manda na vidraça, o reflexo vence a reflexão.

O orgulho é mais vaidade do que verdade.

O orgulho nasce do medo e desemboca na intolerância. O medo de perder o emprego estimula o preconceito contra os imigrantes, assim como o medo da própria sexualidade arma ataques à homoafetividade.

No orgulho, você odeia quem é diferente, com receio de perder a sua influência.

O orgulho é coisa de gente pequena bancando a grande.

O orgulho transforma a fraqueza em vício.

O orgulhoso converte impressões em fatos e desacredita os fatos com impressões.

O orgulhoso dedica o seu tempo integral aos inimigos.

O orgulho não tem amigos, tem álibis.

O orgulho é previamente a favor ou contra.

No orgulho, não existe senso de humor, pois rir é igualdade social. Quem ri junto jamais se acha melhor que o outro.

A alegria do orgulho é escárnio, uma gargalhada sem mostrar os dentes, articulada no canto da boca.

O orgulhoso se explica ou se justifica em vez de pedir desculpa, não volta atrás para reconsiderar a opinião.

O orgulhoso condena antes de julgar, vinga-se antes de entender o que aconteceu.

O orgulhoso não acha o caminho porque se envergonhou de perguntar.

No orgulho, você se delicia roubando a felicidade do próximo. Ao contrário da tolerância, onde você só é feliz dividindo a felicidade.

O orgulho é a riqueza esmolando, é a fome oferecendo comida, é a sede na chuva, é a penúria na abundância.

O orgulho é avareza. Você esconde o que sente para não ter o trabalho de falar.

O orgulho é saudade engasgada.

O orgulho não conhece a paz depois do perdão. Ou seja, no orgulho você jamais é livre.

O orgulho prepara vinganças reais para dores imaginárias. Sofrerá por aquilo que não aconteceu, e que somente acontece em sua cabeça.

O orgulhoso repete o seu desastrado dia eternamente para decorar as dores.

O orgulhoso ocupa-se em fingir que está ocupado e fecha as portas de palavras vazias.

O orgulhoso coloca a mão na consciência enquanto os pés chutam o inconsciente.

O orgulhoso vibra mais com o fracasso dos colegas do que com os seus sucessos.

O orgulho é o otimismo da destruição.

O orgulho desafia pela frente e cria a discórdia pela fofoca.

O orgulhoso ganha o poder sem mérito e mantém o poder sem se importar com os meios.

O orgulhoso diz que sabe para nunca precisar saber.

O orgulho é egoísmo, você convive com os demais para falar de si.

No orgulho, você corre atrás de um não e foge de todo o sim.

Orgulho é insistir num relacionamento errado para provar que tinha razão.

Orgulho é rastejar com as asas.

Por orgulho, desperdiçamos uma vida (já por amor, multiplicamos a nossa vida).

Quando é orgulho, vivemos a vida do outro. Quando é amor, jamais deixamos de ser.

O amor não precisa de provas, demonstrações, jogos e disputas, isso é coisa do orgulho.

No orgulho, nunca está satisfeito. No amor, você transborda.

O orgulho é um capricho, o amor é destino.

O orgulho é ego, o amor é generosidade.

O orgulho é mágoa, o amor é reconciliação.

O orgulho é ressentimento, o amor é fé.

O orgulho é se prender ao passado, o amor é escolha.

O orgulho é impor o seu projeto, o amor é alterar o seu projeto de acordo com a necessidade.

O orgulho se veste de amor, finge que é amor, é o clone do amor, é o sósia do amor, mas não é amor, é o fracasso do amor.

O orgulho é tão somente um ódio frio.

SOU A PRÓPRIA SESSÃO DA TARDE

Os hábitos da infância repercutem na vida adulta, desenham as nossas ambições.

O que poderia acontecer com a minha cabeça se passei a minha meninice inteira com os mesmos filmes?

Teria que surgir alguma consequência.

Fui vítima de uma divertida lavagem cerebral.

Não importa se o filme é ruim, vou até o fim. Não importa se já vi, continuo assistindo. A minha resiliência audiovisual é exemplar.

Posso virar madrugadas acompanhando uma história reprisada infinitamente, vacilo ao parar, fracasso ao apagar, simplesmente não durmo. O controle não é remoto para mim.

Sofri o efeito colateral da Sessão da Tarde. Atravessei um exaustivo treinamento militar.

Engraçado é que os dubladores se revezavam. Eddie Murphy e John Travolta dividiam igual voz, por exemplo, e jamais me prendi a esse detalhe.

Voltava da escola e, depois do almoço, o lazer consistia em acompanhar a programação da Rede Globo.

Como fica uma criança exposta excessivamente a uma única radiação mental? Só podia formar um zumbi.

Não era uma época de canais fechados, havia somente cinco opções na rede aberta e que ainda dependiam do humor do sinal externo e do Bombril na antena em cima do aparelho.

Acho que devo ter visto oito vezes *As sete faces do Doutor Lao*, dez vezes *A Lagoa Azul* e umas quinhentas vezes *Karate Kid*.

O que sou hoje é resultado disso. O que o circo do Doutor Lao pode ensinar a um guri a não ser nunca subestimar o diferente? Já *A Lagoa Azul* me infundiu o romantismo pegajoso. *Karate Kid* me fez enxergar a faxina como um modo de fazer atividades físicas e marciais, coisa que nem minha mãe conseguiu.

Não me esqueço de *Splash — Uma sereia em minha vida*, *Curtindo a vida adoidado* e *Mulher nota 1000*. Sei de cor. Muito além do ocaso da carreira, os meus ídolos eternos permanecem sendo Daryl Hannah, Matthew Broderick e Kelly LeBrock.

Não havia escolha. Acompanhei a saga da cadela Lassie e sua sabedoria silenciosa. Atravessei os meus aniversários sucessivamente pedindo uma collie.

Lassie transformou-se em meu Harry Potter: *A força do coração*, *A coragem de Lassie*, *Lassie de volta para casa* e *A magia de Lassie*.

Venho de uma linhagem da previsibilidade e da reincidência.

Não duvide de mim, jamais deixo pela metade uma dor ou uma alegria porque é repetida. Eu me emociono de novo apesar de conhecer o final.

DEPENDE DO PONTO DE VISTA

Ele já tinha sido um cantor de sucesso, tocado para ginásios com mais de cinquenta mil pessoas, fugido de fãs pelas saídas laterais, conhecido a fama de perto, a ponto de interromper selfies e autógrafos para não ser esmagado pelo público, aparecido no Faustão e no Jô Soares, e agora ele mergulhara no anonimato. Ninguém mais comentava sobre seu trabalho, suas músicas não tocavam nas rádios, seus CDs não vendiam como antes, os seus bajuladores haviam desaparecido sob alcunha de falsos amigos.

Quando chegou para dar um show em restaurante no litoral gaúcho, só tinha três mesas ocupadas. Circulavam mais garçons que espectadores. Havia uma melancolia de circo desmontado, uma tristeza de cachorro manco, um dó de tempestade de verão, tanto que o seu assessor estava disposto a cancelar o evento.

O dono do local, prevendo que não contaria com lucro e antevendo o prejuízo com o pagamento do cachê, aproximou-se do artista e debochou:

— É o fim de carreira, hein?

O músico não julgou o comentário, bateu afavelmente nas costas do sujeito e respondeu:

— Pode ser fim de carreira ou reinício, depende do ponto de vista. Eu comecei tocando para três mesas quando jovem.

Ele pegou seu violão, ajustou o microfone e fez a melhor apresentação de sua trajetória. Cantou com vontade, não se desanimou com a ausência de eco da multidão, pôs os braços para cima a chamar aplausos coreografados e lembrou letras prediletas e melodias antigas que não vinham à tona havia muito tempo.

Quem o via não compreendia a performance entusiasmada, o turbilhão interno, a gana de vencer. Talvez até ficasse constrangido com o escândalo da alegria, absolutamente fora de um contexto vitorioso. Mas o cantor não foi prepotente com a vida, não tingiu um ponto final na fé, não confundiu vocação com ambição, não estacionou a voz na vaidade, não se apequenou com as adversidades, entendeu a escassa procura como uma reestreia.

Você pode encarar o problema como um fim ou como uma oportunidade, pode aceitar a solidão como um fracasso ou um novo nascimento, pode precipitar o fiasco ou transformá-lo em esperança.

Humildade é e sempre será otimismo.

PASTA DE COURO

É cada vez mais comum executivos com mochila. Homens engravatados carregando uma mochila, como se estivessem indo ou voltando da escola. Adultos feitos, mas com um toque infantil atrás das costas, tal asas de querubins.

Não levam nada nos bolsos da calça e do casaco, tudo segue nos ombros: documentos, celular, garrafinha d'água e algum agasalho na hipótese de uma esticada do emprego para a noite.

A mochila é o equivalente à bolsa feminina. Os varões se renderam à prevenção de um dia fora de casa.

E também é a herança de uma adolescência que não termina mais.

São outros homens de outros tempos. Não mais como os antigos funcionários de bancos, empresários e corretores que andavam com uma pasta de couro e precisavam de uma mesa inteira para abrir as suas verdades.

A pasta de couro está extinta, esta que já foi um grande símbolo da virilidade financeira. Quem tinha emprego importante exibia a sua pasta preta ou marrom. Ela era um cofre com senha e chave, havia espaço para papéis e canetas especiais. Muitas continham um fundo falso para ocultar documentos preciosos.

Os filhos esperavam o momento para espiar o seu conteúdo. Ficavam às voltas da chegada paterna para ver se ele abriria distraidamente a pasta. Sempre foi emocionante ouvir o claque da abertura dos dois lados. O suspense alterava o meu batimento cardíaco.

Lembro da seriedade do meu paizinho. Ele largava o pacote dos pãezinhos em cima do sofá para nos abraçar e eu me esforçava para me livrar dos beijos dele e acompanhar os movimentos da pequena maleta.

Além da pasta, ele pertencia ao time das carteiras de mão. Quando não estava a trabalho, caminhava segurando uma carteira imensa, algo como uma pochete longe do cinto. Naquela época, o cheque mandava no pagamento das contas.

Ninguém circulava com cartões de crédito, o que vigorava era o talão com espaço nobre na carteira, que permanecia esticado com duas tiras prendendo as suas pontas.

Não acho que o passado fosse melhor, eu apenas não consigo olhar qualquer coisa sem comparar. Ver é automaticamente retornar ao passado. Talvez esteja sempre comparando o que sou e não sou.

Ou comprei todas as lembranças da minha infância no fiado e só agora, depois dos 40 anos, vou pagando.

O QUÊ?

A velhice vem aos goles. Nunca se bebe o tempo num único sorvo.

A visão é a primeira a não corresponder inteiramente aos seus comandos. Você enxerga com dificuldade, mas não aceita e adivinha mais do que reconhece com rapidez. Assim tem os seus primeiros constrangimentos sociais. O neto exibe as fotos da visita ao zoológico e você comenta: "Que araras-azuis bonitas!"

E o neto retruca que não são araras, mas macacos. Você acabou de demonstrar que é um analfabeto ecológico para a nova geração da família.

Sua teimosia em deduzir no lugar de enxergar vai lhe colocando em situações incômodas, como a de embarcar no ônibus errado, estacionar em vagas de portadores de necessidades especiais ou de realizar perguntas óbvias.

Depois é a memória que fraqueja e rasteja com esforço. Começa a brincar do jogo da forca com as lembranças.

O bonequinho recebe contornos a cada lapso e sempre termina com a cabeça a prêmio.

As palavras são apenas figuras. Ou seja, aparece a figura sem a palavra, o raciocínio é próprio de livro colorido para bebês.

O que lembrava instantaneamente custa a vir à tona. Sem wi-fi das ideias, retrocede à internet discada do pensamento. Esquece primeiro o nome das pessoas, os filhos são as cobaias prediletas. Troca os nomes dos guris, Pedro chama de Felipe; Felipe, de Pedro, e não acerta mais quem se aproxima. No início, dedica horas se explicando, argumenta que o filho confundido deve estar pensando em você, mas a recorrência faz com que perca a credibilidade.

Em seguida, erra o nome trocando o sexo dos filhos, Felipe chama de Gabriela, Gabriela chama de Pedro, a confusão está instalada. Resta rir e levar os acidentes de gênero na brincadeira.

A caduquice cobra os juros. Após falhar o nome das pessoas e não conciliar rosto com legenda, passa a tropeçar na identificação dos objetos. Liquidificador chama de secador; micro-ondas, de máquina de lavar; televisão, de aspirador de pó, até se contentar com o genérico Coisa: — "Liga a coisa!", "Alcança a coisa!", "Onde está a coisa?".

Por fim, apaga o nome das ruas, das praças, das cidades, do país, até se tornar um cidadão do mundo. Do outro lado do mundo.

INFELICIDADE É

Para ser infeliz, faça somente o que faz você feliz.

Se não tem nada no seu dia que não gosta será uma criança mimada, será um adolescente tirano, será um adulto estupidamente autoritário.

É preciso realizar aquilo que também não ama para ser diferente e abrir espaço dentro de si à compaixão e à tolerância.

Exercer unicamente o prazer consolida o egoísmo.

Guarde um pouco de antipatia em suas obrigações. Mantenha tarefas desagradáveis no trabalho e em casa. Assim não banalizará os momentos bons. Assim valorizará a resiliência diante dos momentos ruins.

Só suspira quem atravessa o desgosto. O suspiro é o riso do esforço.

O que seria do final de semana se estivesse de folga também de segunda a sexta? Como louvaria o domingo se não houvesse uma segunda-feira para detestar?

Arrume a cama mesmo sem nenhuma vontade, lave a louça mesmo bufando, estenda a roupa mesmo detestando a ordem dos prendedores.

Atenda aos chatos com simpatia, suporte os lentos com generosidade. A humildade depende do silêncio da superação.

Não gostar de algo é ter ainda algo para aprender, é uma reserva de sabedoria. Não deixe de fazer. Pode mudar e apreciar no futuro. Pode acabar transformado pela sinceridade da saudade.

Prove tudo o que não lhe agrada para não se privar de viver. Adore os defeitos para não se envaidecer das virtudes.

Repetir a felicidade é empobrecê-la. Felicidade é para ser uma exceção, não a regra. Quem só é feliz no fim é triste, pois não muda de estado de espírito para reconhecer o contentamento.

MÁFIA SICILIANA

Pretende se defender de um canalha?

Simples, elementar, ele aparenta ser um homem do lar, que cultiva temperos em horta e cheira rolhas de vinho, mas vive na rua, não distingue a rúcula do radici e apenas come fora.

A propaganda do primeiro encontro é redondamente enganosa.

Receberá você no apartamento espaçoso, brilhando, com amplo sofá e vista para o oceano de prédios, entretanto o local de orgulho doméstico é um matadouro higienizado, acabou de se livrar dos resquícios da última conquista. Tudo está arrumado e nos trinques como se fosse um maníaco por limpeza, porém não se engane, pagou faxineira para fingir status de rapaz sério e dedicado.

Ele fará questão de abrir a porta de avental e mangas dobradas da camisa xadrez, testa suada e cabelo caprichosamente desleixado.

Estará ocupado em lhe agradar e demonstrar os dotes no fogão. Fechará a porta da cozinha para intensificar os segredos e a surpresa. Dirá que é uma receita familiar, que não expõe para qualquer um, que realmente é uma homenagem. Colocará jazz de música ambiente, apesar de vibrar e conhecer de cor as letras do sertanejo universitário.

Os livros de arte em cima da mesa são de fachada, não vê diferença em Jackson Pollock e no desenho de seu sobrinho.

Só que todos os canalhas cometem um erro. Preparam um único prato: risoto de limão siciliano. Fica como um padrão de psicopatia amorosa. É uma marca da maldade, talvez um pré-requisito do sindicato.

Sugerem que cozinham bem mais do que aquele arroz empapado, a questão é que não avançam no livro de receitas.

Não entendo o motivo: todo canalha faz risoto de limão siciliano. Por que não estrogonofe? Por que não uma massa de camarão? Por que não um salmão?

Sempre risoto de limão siciliano. Como uma assinatura, um código da cafajestada.

Levam em consideração que a mulher não resiste, que a combinação não agride o regime, além de servir como preliminar para o sexo (não provoca mau hálito).

Cheiro de alecrim fresco e limão no ar é cheiro de crime, saia correndo. Não espere o dia seguinte para descobrir que ele não telefonará.

DIAS NULOS

Há dias em que você não existirá. Empate sem gols, público vaiando; céu nublado sem sol e estrelas, abafado.

Dias em que não fará nenhuma diferença acordar. Nada dará certo. Nada vai funcionar. Nenhuma palavra trará descanso. Nenhuma atitude será compreendida.

Dias de exorcismo e penitência. Só rezará para que termine logo. Não contará depois em seu calendário, não aparecerá em sua trajetória como tempo de serviço.

Serão dias descontados por Deus no final.

Há dias em que desaparecerá, que passará o tempo inteiro resolvendo um problema que não criou e de que é mera vítima. Não há como combater o mal silencioso. É a esposa que decidiu que você não é amoroso, é um colega que colocou a culpa em você por uma tarefa malfeita, é um amigo que ficou ofendido com uma piada, é um familiar que coloca para fora um trauma antigo. Discutirá horas a fio no telefone, suspenderá reuniões, queimará a agenda, almoço e jantar desaparecerão do cardápio. Restaurar a paz dependerá de uma longa guerra de nervos. Ou seja, sofrerá o maior estresse para reconquistar o que já tinha antes.

A luz vem torta e não se endireita por mais que demonstre paciência e generosidade. A educação é um amortecedor da queda, não impede o tombo, apenas suaviza os ferimentos.

É o dia fatídico em que não cumprirá aquilo que determinou na noite anterior. Viverá se explicando e justificando o seu valor.

A pedra enfileirada do dominó escapou da fila indiana levando todas as pedras organizadas da mesa. Se o liquidificador quebra, a máquina de lavar e de secar estragam juntas. Aceite que dói menos. É um excesso de azar que se assemelha à maldição. Alguém bate em seu carro por bobagem, arranha na verdade, você não é culpado, mas sacrifica o trabalho, corre atrás de três orçamentos em diferentes oficinas e ainda precisa torcer para que o causador do acidente assuma a responsabilidade.

Ou esquece simplesmente de pagar a conta da luz — esquecer não, caiu do débito em conta — e é premiado com o escuro por 48 horas, precisando tirar segunda via e aplacar o olhar interrogador e desconfiado dos filhos jurando que você faliu. Prepare-se para não existir alguns dias. Nem sempre a vida é nossa.

ORAÇÃO PELA VIDA

Agradecer é mais difícil do que perdoar. Agradecer não tem necessidade, perdoar tem um interesse por detrás.

Agradecer é generosidade, perdoar é uma exigência para consertar a relação.

Perdoar é fazer o outro feliz de qualquer jeito, agradecer é fazer o outro feliz porque se quis.

Quem não agradece acha que deveria receber o melhor sempre — demonstra prepotência e arrogância.

Quem não agradece não tem humildade para sair do lugar e melhorar os seus defeitos. A preguiça e o egoísmo são vizinhos da imobilidade.

Quem não agradece um dia bonito nunca reconhecerá os dias tristes.

Quem não agradece não diferencia o pior do ruim porque tudo é menosprezado.

Quem não agradece jamais chora de emoção.

Quem não agradece anula o valor da família.

Agradecer é entender que aquele que nos acompanha não tem a obrigação de amar. Amar é uma escolha de cada olhar.

Quando criança, agradecia quando era levado mensalmente ao Parque da Redenção para comer pipoca e andar de carrossel, agradecia um sorvete na Banca 40 do Mercado Público, agradecia a carona de bicicleta do meu irmão mais velho. Eu também agradecia quando não acontecia nada de ruim. Não acontecer uma infelicidade é uma benção invisível.

Agradecer é homenagear a vida. É se esforçar para ter, é mostrar o que presta, é valorizar a chance, é não se entregar facilmente ao silêncio.

Agradeça para merecer, não se acostume em desprezar. Dizer "obrigado" é educar a memória e ensinar como se fabrica a saudade.

Rezar é agradecer mais do que pedir. Não durma nenhuma noite sem agradecer por estar vivo. Eu agradeço à mulher que me aguenta, aos filhos condicionados a aceitar as minhas manias, aos pais desesperados com a minha pressa.

Agradeço à água que me banha, ao fogo que me inspira a queimar alto, ao escuro da madrugada onde os pensamentos se amansam e as estrelas brilham mais.

Agradecer é sem motivo, sem explicação, por isso é puro e espontâneo. Perdoar vem de um conflito, de uma discussão, de uma falha.

Agradecer nasce de um acerto. Você não errou e agradece.

Perdoar é gostar contrariado. Agradecer é amar por sua conta e risco.

Quem não agradece é que jamais perdoou alguma injustiça. Ficou preso no passado, desesperançoso.

O agradecimento é repetir o perdão toda a manhã.

NO TEMPO EM QUE TODOS ESTAVAM VIVOS

O aniversário nunca será na fase adulta como na infância. Não haverá mais a longa véspera da meia-noite, entre dormindo e acordado, naquela vigília pelo presente. Não haverá mais o lar em completa algazarra por uma única pessoa: você no centro do mundo, uma pessoinha de pálpebras rápidas, piscando diante da mãe preparando a panela de brigadeiro, as forminhas de salgados e cuidando para o bolo não afundar acendendo e apagando a lâmpada do forno. Não haverá mais a estranha exclusividade de provar qualquer doce antes do almoço.

Um exército de mãos rompe a rotina para dar conta das atividades domésticas acrescida de novidade de seu aniversário.

E não é obrigado a fazer nada, a não ser assistir ao espetáculo de seu nascimento a ser repetido fora do ventre. Os irmãos não lhe machucam, não implicam, oferecem um indulto abençoado de gracejos. Colegas lhe tratam bem e com respeito, existe uma veneração de brilho, tios e tias mexem em seu cabelo, roubam beijos, brincam com a demarcação de sua breve existência com a marionete dos dedos.

Você só tem que esperar apenas uma surpresa depois da escola denunciada em cada riso da família. Não passou por nenhuma dor e separação para estragar a alegria, nenhuma cadeira estará vaga pela morte ao redor da mesa. Os avós estão ainda vivos e vêm de longe com suas malas xadrez do interior e pacotes improvisados longe das lojas.

A memória não é maior que a imaginação. Desperta da cama, como se fosse um sapato de couro envolvido em papel seda dentro de uma caixinha. Você colocará chapeuzinho cônico, com o elástico apertando o queixo imberbe. Soprará as velas com a ajuda dos outros, o melhor aniversário é do tempo em que não tem força no pulmão para apagar a chama da vida.

Assim que você cresce, a festa é um fingimento — um alegre fingimento, mas fingimento —, enfrentará o trabalho de convidar os amigos e de negociar os presentes, sofrerá com alguma perda e gafe. Precisará receber os convidados e não poderá parar um minuto de servir e ver se se todos estão felizes, comendo e bebendo.

Acabou a comemoração inconsciente, acabou a sensação de medo bobo, acabou o olhar guloso ao teto repleto de balões coloridos para definir qual deles levará para voar dentro do quarto.

Quando crescemos, os aniversários são solitários mesmo com a casa cheia. Casado ou solteiro, ficará responsável pela sua alegria. Ninguém mais aplacará a expectativa e resolverá a carência. Persistirá a consciência de que estamos envelhecendo mais do que inaugurando uma idade.

JAMAIS

Quem já não cometeu pequenas e patéticas infrações na relação? Como roubar a gilete rosa da esposa, que ela usa para depilar no banho, para corrigir aquele fio solto da barba. Precisa abolir o pelo de qualquer jeito, no desespero do horário, e não há como comprar um aparelho novo. Ou alguém que furtou a escova de dente ou pegou o troco na carteira do outro sem avisar, sob alegação de que depois devolveria. Ou roubou um doce fingindo que desconhecia a importância. Quem? São naturais delitos do amor, absolutamente perdoáveis. Não partem da zona escura da personalidade. Não interferem no curso do romance. São molecagens, travessuras, implicâncias.

O que bate de frente é a agressão silenciosa. Quem esconde o punho na hipocrisia, quem finge generosidade no beijo e cospe sua agressividade em segredo.

Até perdoo a deslealdade, até perdoo a mentira. O que não abençoo com a desculpa é quem maltrata animal. Aquele que não tem câmera dentro de si para se entregar à consciência. Aquele que, por alguns minutos sozinho, tortura bichos em situação de fragilidade. Aquele que, enquanto não é visto, chuta as pernas do cachorro ou arremessa o gato na parede e depois segue normalmente com as suas tarefas no trabalho, como se nada tivesse acontecido.

Tenho certeza de que o agressor de bichos também é capaz de apertar os braços de um bebê ou insultar um idoso com amnésia. Não há limites na degradação moral. Algo da devastação fica na memória. O sangue não se esvai pelo ralo com a mesma rapidez da água.

Não suporto quem se aproveita da impossibilidade da denúncia para abusar da violência. Explora a superioridade para elaborar maldades. Não guarda um mínimo de culpa e de compaixão para recuar em seus ataques.

Disfarça-se de cuidador para ter controle dos fatos e aterrorizar progressivamente as suas vítimas. Covardemente, desconta sua raiva em seres vulneráveis, sem condições de se defender e relatar os atentados.

Mesmo que seja uma agressão repentina: um chute, um soco, um empurrão. A duração do ato não diminui sua gravidade. Ali ele enterrou sua fé, ali ele se recolheu ao território da impunidade e renunciou a decência e o caráter de uma vez por todas.

Não darei jamais o meu perdão aos monstros domésticos, afáveis na aparência e boçais na solidão dos gestos.

Eles acreditam que não serão castigados. Juram que os bichos são somente bichos e, se não há céu para eles, tampouco haverá inferno para os seus agressores.

Mal sabem da verdade. Um gato sofrendo não mia, um cachorro sofrendo não late; na dor ambos são crianças e gemem humanamente.

COITADO DO HULK

Não leve a musculação a sério. É extremamente caro. Só o que posso recomendar aos espíritos marombeiros.

Eu não percebi o tamanho do prejuízo. Mais barato antes quando eu pagava três meses adiantado de academia e desistia nos primeiros trinta dias. Mais simples. Mais econômico. Mais prático.

E nem estou mencionando o que gastei com vitaminas, proteínas e transformando radicalmente a alimentação. Nem me refiro aos trajes esportivos, sempre onerosos e com malhas tecnológicas de transpiração.

Fui leviano de fazer musculação com disciplina e rigor, além das aparências e das postagens nas redes sociais. Deveria ter fingido que estava matriculado e de personalidade mudada, como todos os machos quando começam a namorar.

Investi um longo tempo dedicado a acordar cedo e me exercitar em horários ingratos, como seis da manhã e onze da noite, ao lado da minha *personal* Raquel. Eu segui com os halteres, cordas e máquinas por um ano.

O que aconteceu? Melhorei de vida? Não!

Perdi inteiramente as minhas roupas. Um armário inteiro foi desperdiçado: ternos não fechavam mais os seus botões, camisetas estouraram nos ombros, calças estrangularam a cintura. Fiquei absolutamente sem figurino, um Hulk pálido e careca. Peças de grife, fashion, caríssimas, únicas e exclusivas, não entram mais em meu tamanho. Tudo posto a pique. É o equivalente a extraviar várias malas em uma viagem internacional. É como se sofresse um incêndio devastador no quarto. Somente os sapatos ainda me servem, testemunhas de um tempo em que era M e esbanjava opções para sair a trabalhar.

Sou condenado a usar pouquíssimas variações e pedir roupa nos próximos aniversários, Natais e datas comemorativas — o que é um contrassenso diante da oferta de presente criativos que há no mundo.

Nunca fui tão comum e desfalcado de criatividade para me vestir.

Quem permanece feliz com o gradual "despertencimento" do meu corpo é o filho Vicente, de 14 anos, herdeiro direto da maior parte do guarda-roupa.

E não desfruto nem da vantagem do fisiculturismo. Como diz o mano José Klein, é largar a academia e todos elogiam que você emagreceu, é encarnar na academia e todos comentam que você engordou.

Nunca tantas pessoas acariciaram a minha barriga destacando o sobrepeso e recomendando regime.

CAFEZINHO

Café é emoção. Café é a lembrança dos melhores dias da convivência com os pais e irmãos, é herdar hábitos, é carregar princípios. Os dias mais duros de qualquer vida tiveram o consolo de um café. Os dias mais alegres de qualquer vida tiveram a recompensa de um café.

No gole de um café existe uma correnteza de cenas de amizade, de ternura, de conselhos, de apoio e de juramentos.

Café lembra receber visita, casa cheia, sobremesa. Café estende o tempo para um pouquinho mais tarde.

Café engana os horários, os prazos, os compromissos. Ainda mais se é um cafezinho. Ele se faz de pequeno e inofensivo para deixar as emoções ainda maiores.

Ninguém é insensível a ponto de negar um cafezinho. A oferta, o carinho, a amizade de um cafezinho. O cafezinho é como um abraço, é como um aperto de mão, não se diz não. É um crime dizer não. É uma ofensa dizer não. Oferecer cafezinho é avisar: eu gosto de você. Oferecer cafezinho é avisar: eu fui com a sua cara.

O cafezinho é sempre sinal de que a conversa vai continuar, de que o almoço não acabou, de que ainda é cedo para se despedir. O cafezinho é a saideira dos amigos à luz do sol, a saideira dos sóbrios.

Já a cafeteira faz barulho porque chama a fome. Tem o apito de uma chaleira dentro de si para chamar a fome. O café chama bolacha-maria. Quem não foi criança para mergulhar a imensa bolacha no café? O café chama pão aquecido. Quem não foi adolescente para sujar a asa da xícara com manteiga? O café chama chocolate. Quem não se apaixonou para dar o pequeno acompanhamento para a sua namorada, mesmo louco para comer?

O primeiro encontro não será um chope, um cinema, uma balada, um jantar, mas um café: "Vamos tomar um café?" O convite é despretensioso e não assusta, é um convite entre a amizade e a sedução, entre a educação e o envolvimento.

Tudo pode acontecer quando se toma um café junto: casamento começa com o café, filhos têm a sua linha de tempo iniciada com o café.

O café é a porta das primeiras palavras. É a janela das primeiras juras. É o primeiro passo da boca para o beijo. Quantos firmaram uma relação com o sabor de café nos lábios? Não o sabor de quem está sonhando, o sabor de quem finalmente acordou para a vida de alguém.

A intimidade surge ao descobrir o modo que cada um pede o seu café. Com leite, curto, longo, forte, fraco. É a primeira informação que se descobre do outro e que se prolonga pela vida inteira.

Casais que se amam medem o tempo de convivência por colherinhas. Um sabe do outro exatamente quantas colheres de açúcar precisa. Ou quantas gotas de adoçante.

Eu reverencio o amor quando a esposa serve o marido e o marido serve a esposa e ambos não perguntam quantas colheres ou gotas pôr. Conhecem de cor.

Eu reverencio a rotina, que nunca é repetir o que não se gosta, mas repetir todo o dia o que se gosta muito.

VIZINHOS NO OLHO MÁGICO

Eu via na minha infância moradores pedindo um pouco de açúcar, de sal, de arroz e de café emprestado para os vizinhos. Natural a convivência harmoniosa na urgência. Chegava uma visita de imprevisto e não se tinha tempo para a solenidade de sair e dar um pulo no mercado. Batia-se na porta ao lado com roupas improvisadas e dificilmente alguém recebia um não.

Com a insegurança atual, o máximo que testemunho na minha vida adulta é vizinho gritando para baixar a música, chamando a polícia ou denunciando os outros nas reuniões de condomínio.

Fui surpreendido por um momento de delicadeza e de poesia em Belo Horizonte. É uma cidade que ainda acredita na generosidade do bairro. Minha mulher é mineira e passamos alguns finais de semana na capital. Estávamos tomando café da manhã no sábado quando a campainha de nosso apartamento toca. Espio pelo olho mágico e não reconheço a figura, mas Beatriz sabe quem é. Eu já me encontrava receoso e mal--acostumado, tanto que tratei de criticar e expelir o veneno pela boca:

— Quem veio nos incomodar e estragar a paz do final de semana?

Por sua vez, a esposa soprou as nuvens negras rodeando a minha falta de cabelos e se antecipou com sua presença calma e mansa:

— Como posso ajudar, querida?

Uma senhora do apartamento dois andares acima do meu vinha solicitar um abajur emprestado. Não se tratava nem de uma xícara de comida, mas de uma luminária, já que precisava de uma luz mais forte para estudar a Bíblia.

— Desculpe incomodar, meu abajur quebrou, você tem como me emprestar por hoje?

Beatriz não estranhou o pedido. Nem hostilizou a necessidade. Foi ao quarto e, imediatamente, trouxe o objeto. Entregou com um despojamento bonito.

— Não tenha pressa de devolver.

Eu ainda me sentia irritado com a cara de pau da vizinhança e desconfiado com o destino do empréstimo. Não quis me meter no assunto, mesmo achando muita ingenuidade por parte de minha mulher. Logo mais estariam pedindo emprestado o sofá, as cortinas, a máquina de lavar, as cadeiras, o fogão, a geladeira... Não teria fim a ciranda de favores.

Não é que no dia seguinte a vizinha volta com o abajur e mais um vaso de orquídeas para retribuir a gentileza?

Olho agora para a flor no centro da mesa e ligo a lâmpada de seu perfume em meu rosto e me arrependo de pensar e desejar o pior. Só a confiança é perfumada.

INIMIGO-SECRETO

Amigo-Secreto merecia se chamar de Sofrimento-Secreto.

Não tem como se divertir numa brincadeira onde seu principal desafeto pode lhe dar um presente. Ou você pode estar nas mãos do sujeito mais pão-duro do serviço. Como ficar à vontade se tirou o nome do seu chefe?

Nunca vi ninguém pulando de alegria, vibrando por participar da confraternização.

Amigo-Secreto é uma praga do Natal, que saiu das empresas para estragar a ceia das famílias.

Amigo-Secreto é trocar o presente espontâneo por um brinde. É trocar a loja pelo quiosque.

Amigo-Secreto é ir a um rodízio de pizza para comer somente uma fatia.

Ridículo no Amigo-Secreto é quem faz suspense demais, pois aumenta a expectativa para diminuir a recompensa.

Mais ridículo no Amigo-Secreto é também quem não faz suspense nenhum, preguiçoso e sem vontade.

Todos erram as características na hora do anúncio. É um festival de constrangimentos.

AMIZADE É TAMBÉM AMOR | 65

Amigo-Secreto oferece chance para os tarados cantarem suas colegas. É um karaokê aberto para péssimos poetas e piadistas.

A Lei de Murphy criou o Amigo-Secreto. A lembrança que você recebe consegue ser muito menor do que o limite estabelecido. Você sempre será prejudicado. Terminará com um CD muquirana ou um pacote de meias.

Amigo-Secreto é uma rifa sonhando ser Mega-Sena.

Amigo-Secreto é fingir que você é feliz.

FESTA DA FIRMA

A festa da firma é uma segunda entrevista de emprego. Ou seja, não é festa, é o velório da sinceridade. Não se trata de uma confraternização, mas de uma delação disfarçada.

Como você ficará à vontade sabendo que não pode beber, não pode dançar loucamente, não pode contar piadas, não pode falar mal de ninguém, em especial de seu chefe? Carregue um "Google Tradutor" embutido em sua boca para converter o gordo, o careca, o idiota e o imbecil em colaborador, integrante do time e parte da família.

Para que largar o conforto do lar? Não tem sentido, o equivalente a dizer que cocô de passarinho na cabeça traz sorte.

Mas, se não aparecer, o povo comentará que é azeite, prepotente, não quer se comprometer e que dispensa as relações interpessoais.

O que é obrigação nunca será diversão. A risada precisa ser cínica e controlada, pois a gargalhada já indicará alto teor alcoólico. É recomendável que seu figurino não chame a atenção. Não use combinação extravagante, muito menos formal em demasia. Em suma, irá com a mesma roupa que costuma trabalhar.

Bajulação é desagradável, assim como a honestidade. Cumprimente a todos, não puxe assuntos a fundo. Jamais traga problemas pendentes do ambiente corporativo, e igualmente não abra a sua vida. O correto seria não existir marcando presença.

Como não há meio-termo na descontração, é mexer o tronco dentro de uma camisa de força.

Tocará funk e não descerá ao chão. Tocará sertanejo universitário e não levantará os braços. Nem "Lepo Lepo", nem "Paredão Metralhadora" serão capazes de abrir a pista para coreografia. Qual a graça?

Você deverá recusar tudo o que é bom. Não deve comer em excesso para não ser morto de fome, não deve se envolver com a colega para não misturar amor e emprego. Em hipótese alguma, não ser o primeiro a chegar e também não inventar de ser o último a sair. (Nenhuma festa é inesquecível se saímos cedo, não é verdade?)

Encontro da firma não é lazer, e sim hora-extra no final de semana e adicional noturno. Só os estagiários não entenderam isso e brindam ao futuro, ingenuamente alegres, com seus copos de plástico.

PRESENTE ÚTIL

Já estou maduro, entrei na fase do presente útil. Findou a infância da comemoração, a exigência por festas e os laços dos pacotes.

Promovo campanha para que os amigos e familiares não desperdicem os seus recursos e me deem algo de que eu realmente precise. Nem precisa embrulhar.

Escrevo uma lista objetiva do que me falta. Sopro as respostas. Não nego as intenções.

Não ambiciono o lucro imaginário — pois quem não pede coisa alguma deseja tudo. Não professo falsa humildade — pelo menos a minha arrogância é verdadeira.

Eu me disponho a encomendar um sapato e indicar o site de menor preço, coisa impensável nos aniversários anteriores, onde eu queria ser surpreendido e não me inferiorizava a oferecer dicas e sugestões.

Eu me alegro ao preencher as minhas urgências. Antes exultava com as extravagâncias.

Abandonei a vitrine pelo fundo da loja. Os sonhos de consumo foram substituídos pela partilha miúda do cotidiano.

Viabilizar o final do mês sem gastos extras soa melhor em minha vida do que acumular fantasias.

É bem mentalidade de velho, logo admitirei a impessoalidade de depósitos bancários.

Sou ecumênico nas necessidades. Tampouco desdenho eletrodomésticos e panelas que fariam qualquer mulher entrar com a Maria da Penha. Virei realista. Está mesmo na hora de trocar o liquidificador.

Quando criança, o tormento era receber roupas, o anticlímax da festa. Roupa não poderia ser considerada presente até os 11 anos. Presente se resumia a brinquedo e nada mais.

Roupa não mais me inspira ingratidão. Atualmente sou favorável a renovar as gavetas e cabides.

Só não me compre pijama. Amadureci, mas não estou morto.

DUVIDO

Sou o guri do duvido. Se alguém me desafiava na infância: duvido que você pule no rio, então eu pulava. Ou duvido que você quebre uma vidraça, então eu quebrava. Ou duvido que você caminhe na ponte balançando, então eu corria entre as tábuas soltas. Ou duvido que suba na árvore, então eu subia. Ou duvido que você dê em cima daquela menina, então eu ia. Poderia me arrebentar, me espatifar, ser humilhado, mas não recuava diante das provocações. Assim como existe a "Maria vai com as outras", eu era o "Zé não vai com os outros".

Não recuava quando encarado com uma negativa. Os amigos adoravam os shows gratuitos de tenacidade. Fui dublê de mim mesmo. Nadava contra a corrente, pedalava em tempestades, enfrentava riscos à toa para manter a fama de durão e não desperdiçar a firmeza da promessa.

Não previa os danos, eu me cegava de raiva e me atirava no calor das casualidades. Segurei na barra de fora do ônibus, surfei ondas proibidas, ri de medo do destino.

Minha bravura sempre foi induzida, multiplicada na oposição.

As decisões vinham das provocações mais do que da própria vontade. Eu me irritava com quem oferecia desdém e pouco caso da minha capacidade e vivia provando a força.

Nem é possível calcular o que realmente fiz em minha vida espontaneamente. Amores foram dobrados, amizades foram testadas, metade dos meus porres seguiu o tom de que não iria conseguir, assumi castigos insuflados pelos irmãos e suspensões na escola para satisfazer quimeras dos colegas. Sou um animal da recusa.

Não duvido que a minha coragem seja apenas orgulho.

SINDICALISTA

Quem cobra perde a razão, essa é a parte triste do amor. Aquele que não está recebendo atenção, deixado de lado, passa a reclamar incessantemente e começa a ser o chato da relação. Encarna a obsessão do grevista, da passeata, do protesto. Interrompe o trânsito das palavras para defender o seu ponto de vista.

Sacrifica a espontaneidade para salvar a vida a dois. Não gostaria de estar resmungando, mas a passividade e a indiferença só vêm piorando as condições de convivência. Não tem o que fazer. Ou é gritar contra a rotina ou é se conformar com a infelicidade

Tornou-se o sindicalista da emoção, a CUT da emoção. Acabou a paz da confiança, o que se escuta é buzinada e megafone na cama. Fala diante de qualquer gesto que frustra a sua expectativa. Pede reajuste sexual e de ânimo e não se envergonha de se expor ao risco da demissão.

Da mesma forma que é legítima a luta pela reforma agrária do coração, ela também inviabiliza o andamento natural da casa. As ladainhas provocam um mal-estar de permanente rivalidade. Tudo é motivo para DR. Ou é ausência de opinião ou é egoísmo. Ou é uma fala torta ou é falta de mensagens. As insatisfações não têm trégua. O lado ofendido só redunda o pessimismo e estabelece uma comparação injusta com a época de apaixonado.

É como um jogo de futebol que para a todo momento, cheio de faltas e cartões. Não há mais emoção da torcida e os gritos de apoio — mas somente vaias e ameaças. Fazer as malas vem à tona com o cansaço dos debates e tensiona o futuro.

Dificilmente o relacionamento amadurecerá e ganhará viço. É um caminho sem volta. O sindicalismo sentimental não costuma vencer as suas batalhas. A outra parte fica desprovida de margem de manobra para errar e se isola, acuada e agressiva, no orgulho ferido. Não tem tempo de corrigir o comportamento, pois vai responder um problema e é lembrado de um novo.

Já não dá para discernir se quem protesta realmente espera dias melhores e uma conversão súbita ou deseja somente provar que a sua companhia não presta e que não vale a pena insistir. O ideal é alternar momentos de reivindicação e de incentivo, revezar as críticas com as juras, não banalizar as cobranças e profissionalizar a dissidência. Não é possível se recuperar sob pressão. A angústia mata a criatividade do amor.

FÁCIL SE SEPARAR, DIFÍCIL VOLTAR

Você se separa por pouco e só volta por muito.

A ruptura aconteceu por uma bobagem, já a reconciliação invoca sérias mudanças.

Se a distância surge por um troco, retomar a proximidade pressupõe uma fortuna.

Excluindo a separação pelas razões radicais de infidelidade e incompatibilidade, ela tende a ser desencadeada por nada: uma diferença que transbordou ou uma grosseria fora de hora. O estopim das crises vem de pretextos bobos: ou é o lixo que não foi levado, ou é a louça que não foi lavada, ou é um ciúme gratuito. Ninguém se separa por grandes causas, em defesa de um plano educacional ou em nome da reforma agrária. A separação é deflagrada por motivos banais e egoístas, não emerge de conflitos ideológicos e argumentações generosas a favor da coletividade.

Por sua vez, o retorno vira uma epopeia, ninguém aceita o outro de volta facilmente.

Se quebrou os pratos porque recusou gastar em um pulo à serra, agora o ressarcimento da união depende de uma viagem internacional.

É simples se separar e é extremamente difícil voltar. A separação é barata, a reconciliação é cara.

Do grito de nunca mais à súplica por mais uma chance, migrará da avareza ao endividamento.

Para resolver as discussões de relacionamento, bastava atender a uma mera lista de supermercado. Após o término, receberá uma lista de exigências de sequestrador.

Para a reconciliação, você precisa fazer em um dia o que não fez durante toda a relação. Não é somente corrigir o que originou a discussão; fica condicionado a cumprir o que gerava silenciosa insatisfação na companhia. O suave retoque e as rápidas aparas no temperamento cobrados anteriormente não servem mais, resgatará o status mediante uma completa cirurgia plástica na personalidade.

Na briga, é se desculpar que os laços são refeitos. Na reconciliação, não é somente verbalizar o perdão, você será testado e humilhado, condenado a provar o efeito das palavras em atitudes e gestos em longo período de experiência.

Ou seja, para obter o reato você perdeu absolutamente tudo o que conquistou e mais um pouco. Não está na estaca zero, mas no negativo, arcando com juros abusivos.

Na hipótese de sair de casa por um desentendimento na programação de sábado, para recuperar o amor, será obrigado a largar o futebol de terça e o chope com amigos na quinta, que não tinham nenhuma conexão com a pendenga. Retornará para a residência mais pobre moralmente e com menos autoridade do que quando partiu. Assumirá privações para liquidar a saudade e aceitará concessões impensáveis para convencer que o fim não irá se repetir.

Se você se separou porque não queria assumir o namoro, apenas conseguirá a mulher de novo ao pedi-la em casamento.

Pense duas vezes antes de se separar para não pagar quatro vezes mais a volta.

SEGREDO ENTRE DEUS E HOMEM

Raramente você atravessará a encarnação sem experimentar amor, a amizade, a esperança e o ódio. Mas pode morrer sem nunca conhecer a misericórdia.

A misericórdia não é racional, extrapola a lógica e a balança dos pensamentos coloquiais entre o certo e o errado.

A misericórdia é oferecer chance para quem não merece, é alcançar o perdão para quem recusou a penitência, é emprestar coragem a um covarde, é carregar alguém nas costas do inferno ao paraíso.

Não ser capaz da misericórdia é humano. Não tem nada de errado. Pois Deus criou algo realmente incompreensível, inaceitável e perigoso dentro do coração.

Não confunda misericórdia com complacência. Não significa ceder, porém apoiar na mais completa adversidade.

Assim como é fácil a remissão após longo tempo ou no momento em que os acontecimentos esfriam. Misericórdia mesmo unicamente tem sentido quando o sangue está quente e a raiva recente de seus ressentimentos.

Misericórdia é um suspiro no interior de um soluço, é uma lágrima que molha as palavras da boca. Não tem como entender. Às vezes não há como aceitar. Estraga a sociedade e a convivência, desfaz a hierarquia dos pecados e o entendimento da redenção pelo esforço.

Misericórdia abole o julgamento, cria exceções insuportáveis, mima a maldade. É um apoio sumário, sem aguardar contrapartida e recompensas.

Só será feita por quem tem estômago forte, caráter transcendente e pulso firme. Os fracos não aguentam os revezes da culpa.

Misericórdia é quando um sobrevivente do holocausto desculpa um nazista, é quando uma mãe não se vinga do assassino de seu filho, é quando a vítima da violência se solidariza com as condições do agressor.

Misericórdia é quando você tem todos os motivos para perder a fé e, estranhamente, reforça os votos de crença na vida.

SOMOS A PRÓPRIA CASA

A casa reproduz a nossa insatisfação. Nunca estamos plenamente felizes. Sempre existe algo por fazer, uma chance de colorir a planta original.

Você pode ter amplos espaços, mas não contar com garagem. Ou você pode ter quartos gigantescos e um banheiro apertado.

Existirá um limitador, um ponto fraco, um defeito que baixará o valor do imóvel. Há apartamentos majestosos sem paisagem nenhuma, por sua vez há quitinetes de envesgar o proprietário com belezas transbordando das janelas. Já vi apartamentos encravados em encantadoras áreas verdes, porém também ameaçados pelo deslizamento. Mesmo as mansões desfrutam de contrariedades: ou são muito longe ou excessivamente protegidas e afastadas do aeroporto.

Algo dentro da casa não corresponderá as expectativas, só que termina compensado pelo resto. Assim como você deixa passar um traço falho em sua personalidade em nome do conjunto.

A casa é um jeito de aceitar a imperfeição e de conviver com os defeitos.

Ou você pode melhorar o apartamento para vender ou pode melhorar o apartamento para morar melhor — e isso já expõe a sua visão de mundo. Ou você pode ter um lugarzinho apenas para dormir ou pode cultivar a solidão com o capricho das estantes e plantas.

Sou a minha casa, de algum jeito. Faz sentido. A cozinha é pequena e colada na área de serviço, traduz a minha inabilidade com as panelas. Queria desfrutar de uma estrutura de chef e um mundaréu de panelas nas paredes, mas me resignei a um espaço absolutamente funcional. Por incrível que pareça, os amigos farejam o meu ponto fraco e preferem ocupar a estreita cozinha durante as festas. Nem reclamo, nem mais mando o povo sair.

Já a sala, em nítida oposição, é um estaleiro. Revela a minha intensa sociabilidade e a alegria de anfitrião. Evidente que gosto do enfrentamento e dos longos debates, simbolizados pelos sofás laterais, um de frente ao outro. As visitas são obrigadas a se encarar.

O lar é a minha cara, extravasa o meu temperamento. Bate o sol da tarde clareando as mesas e cadeiras e abro os janelões para receber ventos engarrafados de esquina.

É um apartamento de frente e vejo quem chegou mais espiando pelas cortinas do que atendendo o interfone.

Moro numa biblioteca, mas não abro mão da nostalgia do campo. A churrasqueira está no centro do escritório — não na varanda, como é o costume. Diz muito sobre o meu orgulho das tradições gaúchas. Enfeito as prateleiras com brinquedos de madeira e jogos antigos como pião e cinco marias, o que evidencia que não deixei completamente a infância. Os quartos são do mesmo tamanho, não consigo tirar vantagem sobre as crianças. Não abdico de um longo corredor entre as portas, toda residência que se preza possui uma galeria de fotos e quadros para os seus fantasmas.

Quando entro em uma casa, estou conhecendo a alma de alguém e já vou preparado para não tirar nada do lugar. Vá que mexa em uma dor secreta ou um nervo inflamado?

IDADE DE MEU PAI

Vejo fotos de meu pai com 43 anos e me incomodo. Naquela época eu tinha 10 e achava o meu pai velho de verdade. Na mentalidade de criança, ele já estava prestes a morrer, entrava naquele terreno licencioso das mágoas físicas (barriga e queda dos cabelos).

Raciocinava que demoraria muito para chegar onde ele estava. Suas palavras cheiravam a dicionário. Eu queria que ele parasse de envelhecer.

Lembro que o observava com medo mais do que orgulho: medo de perdê-lo. Eu subia centímetros dia por dia com a minha cabeça de papel e ele diminuiria como fogo — todo idoso se encurva.

Hoje, com a idade de meu pai no momento fotográfico de outrora, não sei se me engano. Eu não me sinto passado, compreendo que estou na metade jovem de minha vida. Mas quem diz que ele não se via assim? Custamos a reparar nas próprias rugas e doenças. Consideramos os lapsos de memória naturais pelo excesso de trabalho — quando já são avisos.

A imponência do pensamento vem traindo o corpo a cada noite. Eu não sou o mesmo, nem parte do mesmo que fui, apenas não desacelerei a minha imaginação invencível de menino, que me confunde a jurar que não envelheci.

Ainda não aprendi a morrer. Ainda não aprendi a me despedir. Ainda não aprendi a me desapegar do que acho que sou. Não consigo me perceber chegando ao fim.

Há o desconto do aumento da longevidade nestas três décadas. Vivemos mais do que os 80 enquanto antes os adultos de minha meninice fechavam reza e davam o amém com 60 anos.

Não apago o mal-estar da caneta preta, do corvo furando as linhas da caligrafia. Eu me tornei aquela imagem para os meus filhos e não há como alterar a mentalidade complacente e assustada deles comigo. Por mais que não reclame, por mais que acumule gírias, por mais que pareça moderno, por mais que ande de skate e dance a madrugada inteira.

Sou agora a parede das fotos.

A SAUDADE PERDOA

A saudade já é perdão. Sentir saudade é desculpar.

Se você vem sentindo saudade é que esqueceu, é que não guardou mágoa, é que superou o ressentimento, é que dispensou a vingança, é que resolveu por dentro, com a quietude da esperança.

Quando a saudade chega não adianta mais impor regras e mandar embora. Acabaram o jogo, o blefe e as cláusulas minúsculas.

A saudade é um convite irrecusável. É um apelo. É uma passeata de pássaros.

Com a saudade, você aceitou a retratação — dita ou implícita.

Saudade revoga prazos, ordens, ditames, censuras.

Não tem como exigir mais nada, não tem como reivindicar mudanças.

É admitir a volta sem explicação. É admitir o retorno sem contrapartida.

Saudade é um golpe de estado. Abole o que foi estabelecido antes.

Saudade é o domínio da pele, é a preponderância do cheiro, é a emoção desmontando a hierarquia das palavras.

A saudade é recompensa por seguir amando diante das inconstâncias, é a vitória dos acertos sobre os defeitos.

Saudade é o fim da culpa, é o desejo livre.

Saudade é uma vontade com juros: abraçar com as pernas, machucar com o beijo.

Saudade é serenar o travo, beber o seco.

Saudade é se despedir do sofrimento e ficar com a lição da cicatriz.

É respeitar a imperfeição, não precisar consertá-la para seguir inteiro. É respeitar a falha, não recorrer às mentiras para corrigi-la. É respeitar a ausência, jamais ocupar a cadeira porque está vazia.

Saudade é quando morre a idealização para não morrer o amor.

Somente o orgulhoso não sente saudade. O orgulhoso não avança nem anda para trás. O orgulhoso senta em cima do coração.

DIGA O SEU NOME E A CIDADE DE ONDE ESTÁ FALANDO

Só algo desesperava a família: receber um telefonema a cobrar durante a madrugada.

Já pensávamos que um parente tinha sido assaltado ou sequestrado.

Eu começo a suar frio se alguém me liga a cobrar até hoje: Quem será? O que aconteceu?

Rezo antes de falar, apresso a ave-maria da infância. É véspera de tragédia em meu sangue, dá uma aflição ouvir aquela voz feminina estabelecendo as instruções: "Chamada a cobrar, para aceitá-la continue na linha após a identificação."

Meus familiares e amigos têm crédito. Uma ligação a cobrar, então, é o inesperado triste do meu cotidiano, um imprevisto fúnebre, uma mudança de rumo, um corte do destino.

Eu conto com seis segundos para decidir se aceito ou recuso. Quando não reconheço o timbre, bato o telefone na cara. Não há misericórdia com trotes. Não ofereço chance de retratação.

Ligação a cobrar é coisa séria, não permite ambiguidades. O coração fica engasgado na garganta: engolir a voz ou cuspi-la.

Sempre que recebi ligação a cobrar foi aviso de morte, de acidente, de falta de dinheiro.

Com uma única exceção. Na minha adolescência, nos anos 80, quando o serviço automático foi implantado (antes telefonista mediava ligações), lembro que a minha primeira namorada, assim que nos separamos, telefonou durante vários dias consecutivos a cobrar para o fixo de casa. Ela não encontrava coragem para responder do outro lado, escutava somente a sua respiração sôfrega, ansiosa, reticente, desiludida com o nosso fim. Mas não mantenho certeza absoluta de sua identidade. Será que desejava a reconciliação? Por que não falava?

Se me enganei ao longo de quatro décadas, isso apenas aumenta o meu medo do desconhecido. Se não era ela, quem poderia ser?

Este telefonema incompreendido, misterioso, enigmático, povoado de sussurros, custou caro para a minha sanidade amorosa. Jamais defini o quebra-cabeça.

Pena que nunca tive uma ligação a cobrar feliz para matar os fantasmas.

NÃO TEM NINGUÉM EM CASA

Eu só passava o telefone de casa para quem era da família ou muito próximo. Consistia num privilégio, em reconhecimento de intimidade. Não banalizava o número para evitar trotes e sustos de madrugada. Oferecia como emergência para escola dos filhos, trabalho e assuntos médicos. Tinha uma reserva com a sua exposição. Para qualquer demanda menor e menos urgente, alcançava o número do meu celular.

Hoje nem atendo ao telefone de casa, é unicamente telemarketing. Ou é engano procurando uma Maria Sei Lá de Quê devendo algo, ou é o oferecimento de serviços de cartão de crédito. Não entendo como as operadoras de todas as tarjetas do universo e de provedores de telefonia encontraram o meu número. Meu telefone não tem somente grampo, mas clipes, grampeador, elásticos, o material inteiro de escritório. Com certeza foi vendido em algum cadastro com o meu potencial de consumo. O telefone toca desesperadamente, e são incansáveis as ofertas de promoção. Às vezes, uma mesma empresa pede para três funcionários ligarem para mim num único dia, em absoluta tortura psicológica. E o atual nunca sabe do trabalho do anterior, não adianta informar do histórico e invocar a paranoia.

Já aprendi a flagrar quando são os vendedores atazanando. O prefixo será 11 (São Paulo), 41 (Curitiba) e 31 (Belo Horizonte). Eu me vangloriava de receber ligações de diferentes estados até descobrir a verdade.

Outra manha é a demora para começar a chamada, escuta-se uma lacuna metálica de transferência de linha — cinco segundos suficientes para bater o gancho (saudade de bater o gancho, metáfora para apertar o botão). Uma outra dica de prevenção é que o atendente de forte sotaque vai errar seu sobrenome: "Gostaria de falar com Fabricio Carpenujar... Carpegiani... Carpinajar." Pelo menos não preciso mentir, digo que não tem ninguém aqui com esse nome.

Atualmente o telefone de casa está imprestável, corrompido, e inverti a ordem: dou o número do celular para os mais chegados. Quem realmente é íntimo me acha pelo celular.

Da mesma forma, noto que o e-mail, antes reservado para assuntos restritos, virou caixa de spams. Gasto mais tempo apagando do que lendo. São imobiliárias com terrenos maravilhosos, propagandas de produtos miraculosos, pacotes turísticos formidáveis, afora os tradicionais vírus de cobrança. Tenho certeza de que voltaremos a escrever cartas ou visitar o amigo sem avisar.

CORAÇÃO FIXO DOS PAIS

Quando você perde o celular ou ele estraga, entra em pânico. Não lembra de nenhum número de cor. Você apenas preserva os telefones no aparelho e não explora mais o raciocínio. A última vez que decorou algo com devoção foi a tabuada na infância.

Não tem mais a necessidade de anotar na palma suada da mão e passar a limpo com a ansiedade dos olhos. Não há rascunhos dos códigos.

O que você conhece da vida de seu amor e de sua família está alojada na pastinha dos contatos. Mesmo o celular da sua esposa e dos seus filhos estão lá. Vendemos a nossa memória para as operadoras. Recobraremos alguns números, mas não a ordem exata. Nossos melhores amigos encontram-se presos no chip. De um instante para o outro, o universo de referências desaparece e somos combinações de trotes e enganos.

Não existe como solicitar socorro e avisar que ficou sem comunicação. Mentaliza o desespero dos seus familiares buscando ligar freneticamente, e o seu celular mortinho. E a sua memória morta junto.

E se dará conta de que o único número que recordará será o fixo da casa dos pais. Exatamente o número telefônico que nunca mudou em sua história. Telefonará aos pais para o resgate afetivo de suas raízes.

— Mãe? Mãe? Que bom que está em casa, pode avisar a minha mulher que estou sem celular?

Engraçado que a mãe sempre está em casa quando você precisa. É a intuição materna provando a sua força.

Por mais que amadureçamos e nos tornemos independentes, jamais esqueceremos os pais. É para eles que regressamos quando precisamos de verdade. É para eles que reivindicaremos cuidados na amnésia e nos recomeços. Os pais são para sempre, mesmo que a relação seja fundada em brigas. No momento decisivo, os desentendimentos somem.

O único telefone que lembraremos é o da residência primeira, a residência onde prometemos um dia não voltar tarde.

O telefone fixo dos pais forma o escapulário nas lembranças que nos protege do mundo. Impossível de ser apagado ou de ser removido. Nenhuma tecnologia destrói a voz dos pais ensinando como discar para o endereço. Lembro nitidamente o número ...333411... Assim como lembro que sempre que caía um botão na minha infância, a mãe não pedia para entregar a roupa. Ela buscava a sua almofada negra de agulhas, sentava em um banquinho à minha frente e consertava a camisa na hora. Recriava o ventre por alguns minutos. Eu sentia a linha ziguezagueando próxima da pele. Acho que, no fim, ela costurou o número do seu telefone em meu corpo para que eu fosse devolvido são e salvo.

O SELFISTA

Sempre que me aproximo de quem está tirando uma selfie, tenho medo de atrapalhar. É como encontrar alguém nu ou se masturbando. É ser vítima de um atentado violento ao pudor.

Fico com vontade de pedir desculpa, viro o rosto, evito encarar.

O selfista demonstra uma carência extrema, é um solitário pretendendo demonstrar que é conhecido. Desperta compaixão, insinua uma orfandade de amigos.

Quem faz selfie pensa que ninguém está olhando, está possuído da vaidade e não compreende o quanto é patético.

O rosto sério passa a ser falsamente sorridente com a mão levantada. Um minuto atrás era uma careta, um minuto após é um sorriso de canto a canto da boca, sem nenhuma motivação secreta. Como pode rir se nada aconteceu de diferente?

As pessoas comuns inventaram o riso súbito, para concorrer com o choro profissional e o beijo cênico dos atores.

O selfista transforma a tela em uma metralhadora de toques, até achar um momento que preste.

A busca pelo ângulo perfeito beira à obsessão. Tem gente que posa dez horas para si mesmo, à procura de um instante de satisfação. Lota a caixa de imagens somente para atualizar as redes sociais. Um flagrante salvo significa 99 deletados. Já é compulsão, já é doença, já é vício.

Não tem como não se incomodar com o autorretrato virtual. Ele se baseia numa mentira. Boa selfie é aquela que parece que foi clicada por uma outra pessoa. Precisa de extensão do braço e de uma mirada ao lado, como se pego de surpresa. Ou seja, selfie é a negação da selfie. Se fosse algo agradável ninguém teria vergonha de esconder como foi feita.

Quando testemunho alguém manipulando o celular freneticamente para todos os lados, a minha ânsia é chamar a SAMU. É um ataque epilético de narcisismo.

O homem ou a mulher vai se debatendo com o aparelho, esfaqueando-se com o celular, quase se esganando de contorcionismo. Coloca o cabelo para frente e para trás, morde os lábios, encolhe a barriga, suspende a respiração, gira o quadril para enquadrar melhor a paisagem, não poupa esforços para fingir leveza.

Qualquer um que enxerga a cena acaba nervoso.

Trata-se de uma tragédia silenciosa. O selfista não se contenta jamais. Percebe um defeito invisível no nariz, nos olhos, no penteado, mesmo quando há nada de errado. Alucina, não está mais entre nós. A ausência de confiança produz uma tortura infinita. Cada foto é o reconhecimento do que falta na aparência, cada foto desestimula a vontade de viver, cada foto é um aborto.

O selfie virou um espelho que anda e substitui a realidade.

Nem estou falando dos filtros e retoques, onde você tenta apagar as imperfeições e simplesmente desaparece dos registros, só ficando o lugar em que estava.

GAFES FAMILIARES

Amizade é selada na gafe. Amor cresce no constrangimento. É quando a vida dá errado e descobrimos que não somos sozinhos.

Eu e a minha mãe temos rounds de comédia ao longo da relação. Episódios engraçados de desentendimentos. E só são memoráveis porque nos perdoamos com o riso depois.

Ela sofreu muito quando eu era pequeno. Eu vivia caindo, costurando a cabeça no pronto-socorro, quebrando vidraças dos vizinhos, roubando frutas, recebendo notificações da direção da escola.

Não foi um tempo de calmaria, realmente abusei. E ela se esquecia das minhas travessuras com a mesma rapidez que eu criava outras.

Lembro quando insisti para participar do coral da igreja. Tinha 9 anos e voz de taquara rachada. Ela não quis me ofender e me levou a uma audição. Cada um dos candidatos mostrava a potência da voz individualmente. Um passo à frente no altar e os meninos reproduziam um trecho da *Aquarela do*

Brasil. Quando chegou a minha vez, perguntei ao regente se a mãe não podia cantar em meu lugar.

Agora a minha mãe devolve na terceira idade tudo o que aprontei na infância. Decidiu ser engraçadinha. Não recebe crítica de ninguém porque é engraçadinha. Ganhou a onipotência de criança, não é responsabilizada por nada, já que é fofinha e não fez por mal.

Nestes dias, estávamos em restaurante chique, aquele em que os talheres brilham tanto quanto o espelho e o guardanapo é longo e branco como uma toalha de Ano-Novo. A mãe ficou indecisa com o cardápio e assumiu atitude de aeroporto. Ou seja, reparar o que os garçons carregavam nas bandejas para qualificar o seu poder de decisão. Respirei fundo e prometi não brigar. Precisava melhorar a minha paciência e não censurá-la como sempre faço. Até que ela se levantou, dirigiu-se à mesa ao lado e indagou a um homem almoçando se poderia provar a sua comida. Foi tão rápido que não consegui me esconder debaixo da mesa.

Sair com a minha mãe hoje é aguentar não ser mais o personagem principal. Restrinjo-me a um eterno e útil coadjuvante. Nunca terei razão, mesmo quando demonstro equilíbrio e sensatez. Ela é que chama atenção, arranca gargalhadas e rouba a cena.

OS PÉS NÃO SÃO ESCRAVOS

Pode me prender os braços, algemar as mãos, que não me incomodo, inclusive participo da fantasia. Mas não prenda as minhas pernas que viro bicho em jaula, louco em hospício.

Alguns dirão que são traumas de vidas passadas. Acho que é problema adquirido nesta encarnação mesmo. Talvez seja uma vingança ao grilhão das botas ortopédicas da infância. Fui um pássaro preso pela coleira dos pés logo quando aprendia a voar na escola.

Tenho uma hipersensibilidade nos dedos. Meias apertadas são camisas de força, tampouco cultivo paciência para amaciar sapatos duros.

Eu me angustio quando não existe folga para movimentar os pés. O peso de uma coberta no inverno já me perturba. Vejo-me enterrado vivo, ajustado no caixão. Dou pontapé, esperneio, grito, quebro a forma imaginária, o quadrado invisível do pesadelo.

A cadeira do carro e a poltrona do avião com pouquíssimo espaço me põem nervoso. Começo a ofender mentalmente quem está à frente.

Reagi muito mal a uma brincadeira dos filhos na praia. Quando eles cobriram todo o meu corpo de areia enquanto cochilava debaixo do guarda-sol. Eu gritei tanto com as minhas crianças que o mar se envergonhou de fazer barulho com as ondas.

Gostaria de ser menos tenso com os pés. Mas eles são livres e selvagens, pensam absolutamente sozinhos e seguem os caminhos sem me perguntar aonde desejo ir.

MEU NOME É LEGIÃO

Quando a comida apresenta muitos nomes, coisa boa não é. Certamente a refeição enfrenta uma grande oposição.

Mocotó, por exemplo, é dobradinha, é bucho, é cassoulet, é mondongo.

Ele tem vários nomes somente para a mãe enganar o seu filho.

— O que tem hoje para comer? Mocotó de novo?

— Não, hoje é mondongo.

— O que tem hoje para comer? Mondongo de novo?

— Não, hoje é cassoulet.

— O que tem hoje para comer? Cassoulet de novo?

— Não, hoje é dobradinha.

— O que tem hoje para comer? Dobradinha de novo?

— Não, hoje é bucho.

Não é fácil a tarefa de tornar agradável uma combinação feita do estômago, tripas e patas do boi. É necessário abafar a verdade com muito ovo picado, toucinho, linguiça, azeitonas, feijão branco e especiarias.

Repare que os pratos unânimes só têm um batismo, uma única graça: churrasco, feijoada, macarronada. Nenhum subterfúgio. Nenhuma frescura. Prato tradicional consagra a simplicidade, não enrola e não depende de sinônimos.

Já o mocotó é polêmico, devoto de uma legião equivalente de inimigos e adoradores. Ou é amado ou é odiado.

A questão é que se não fosse barato nem existiria. Mocotó é justificado pelo custo-benefício. Não exibe glamour. Nunca será servido em casamento e formatura. Nunca será o almoço para a rifa de uma igreja. Nunca será o cardápio para o Dia dos Namorados.

Afora a sujeira e o cheiro que produz. A vontade de quem faz é pedir emprestada a cozinha do vizinho. A casa ficará empestada por uma semana.

Sem contar tudo o que sobra do panelão, pois mocotó não aceita diminutivos. Seu preparo é destinado sempre a um batalhão. Toda geladeira de gente normal guarda potinhos eternos de buchada em seu congelador — pode conferir! Caso não seja seu, é herança de um antigo morador.

Mocotó é bandido. Muda de nome ao sair do país. Empreende uma cirurgia plástica com ajuda de temperos, falsifica o passaporte, adultera os registros. Em Portugal, anda pelas mesas impunemente como mão de vaca. Na Espanha, usa o disfarce de *callos a la madrileña*.

Assim constrói sua fama de vilão da infância, multiplica suas ingênuas vítimas pelo mundo e jamais é capturado pelo faro dos cães pastores da Polícia Federal.

TÁTICAS PARA SER VISTO PELO GARÇOM

Garçom no Rio de Janeiro é como sogro: a princípio, não gosta de você. Diferentemente de outras cidades onde você senta e é logo visto, lá você senta e desaparece. Precisa fazer coreografias desesperadas para ser atendido. Receber o cardápio pode significar a sua morte.

O abandono na mesa trará letal desprestígio. Costuma significar o fim precoce de um namoro, de um negócio em potencial, de uma amizade no nascedouro. É uma humilhação levantar a mão inúmeras vezes e jamais ganhar atenção.

Demorei a compreender a aristocracia do garçom carioca. Ele não é garçom, nasce maître.

Em todas as minhas experiências de botequim, apelava para querido ou amigo, e nada. Não vinha em minha direção. Ele me ignorava. Não havia como pedir um prato ou uma bebida. Ou seja, não tinha como existir, pois comer e beber são os gatilhos de qualquer papo.

Até que descobri a santa estratégia: garçom apenas atende bem quando chamado pelo nome. Perda de tempo assoviar e gritar ei, oi, ui — ele lhe tratará com capricho ao ser identificado. Descobrir o nome do garçom é o kit de sobrevivência na noite.

Foi o que fiz quando levei Beatriz a um bar no Leblon. Logo no início, quando ele me alcançou o menu, perguntei quem era e esbanjei o poder de persuasão.

Devo ter chamado o Alberto mais vezes do que pronunciei o nome de minha mulher naquela noite. Estava ficando chato, porém a receita vingou perfeitamente. A cada nova necessidade, assumia uma postura redentora:

— Por favor, Alberto!

— Alberto?

— Gentileza, Alberto?

Ele tornou-se o meu messias dos bolinhos de bacalhau e da porção de fritas. Entre falar o seu nome e fazer o pedido, não demorava nem dez segundos. Ele corria entre as mesas com larga vantagem entre os seus colegas, um verdadeiro Usain Bolt das bandejas.

Já comemorava o êxito da fórmula, já imaginava escrevendo um livro de autoajuda revelando a chave do sucesso da boemia, já me via na lista dos mais vendidos da revista *Veja*, mas chegou a conta e tratei de bancar o canastrão diante do 10% opcional:

— É obrigatório, Alberto, pelo seu excelente atendimento.

— Obrigado, senhor, só que meu nome é Roberto.

ENTRE VIDRAÇAS E VITRINES

A minha esposa tem uma incrível vocação para perder brincos, que só não é maior do que a sua capacidade fabulosa de reencontrá-los.

Já estou acostumado a vê-la triste assim que identifica o extravio e eufórica logo que localiza o par. Ela sempre resgata o conjunto sumido. No máximo, a operação de revista e reconstituição dos possíveis lugares da queda demora um dia.

Costumava ajudá-la no começo, largava as minhas atividades e assumia a força-tarefa imediatamente. Sofria junto, rezava salve-rainha, entrava em desespero por empatia. Eu me agachava no chão e encerava o piso com as mãos à procura de uma tarraxa ou um destroço da joia. Dava dó do desfalque e da orelha de outono. Perguntava quanto custava e, como todo homem desajeitado com as lacunas, prometia que compraria outro igual.

Mas eu me habituei aos lapsos. Parei de me estressar com os sucessivos desaparecimentos e reaparições.

Às vezes acho que tudo é um golpe de marketing. Beatriz perde somente para se surpreender depois e aumentar a cotação de seus pertences. No fim, fica sempre feliz com a volta do brilho ao lóbulo. Muda o seu humor, parece até que foi presenteada.

O raciocínio é mágico. Perder algo para resgatar em seguida é a possibilidade de comprar novamente aquilo que já tinha.

Nosso apartamento de manhã tem a atmosfera tensa de uma casa de penhor e de noite lembra a felicidade gloriosa de uma joalheria. Nunca é monótono.

MÃEZINHA POR TODA A VIDA

Valorize a sua mãe. Será a única a visitá-lo no presídio, mais ninguém. A sua mulher, os seus filhos, o seu pai e os seus irmãos podem e não podem comparecer na sala de espera, depende do jeito como viveu e amou, depende do que fez antes.

Já a mãe dispensa pré-requisitos. Não exige condicional nenhuma: ela irá visitá-lo com certeza, será a primeira da fila, a última a sair, não importa o que aconteça, se tem razão ou está absolutamente errado, se cometeu o pior dos crimes ou o menor dos males, se é um monstro ou um tolo, se foi preso pelo colarinho branco ou por mão grande.

Mãe não julga. Não sai de perto. Não escolhe o lado. Mãe será a única que jamais o abandonará. Estará defendendo--o quando perder o crédito com o banco e a credibilidade com os advogados, estará preparando a sua comida predileta e levando numa marmita qualquer que seja o inferno.

Portanto, cuide de sua mãe. Ela será a única que não o demitirá com o tempo. Só existe uma pessoa fiel e leal no mundo, por maiores que sejam as divergências e a distância cultural entre vocês.

Aproveite a velhice de sua mãe, leve-a para passear semanalmente, convide para um cinema ocasionalmente, busque-a em casa para caminhar e tomar sol no parque, dê um presente fora de hora, compre um chocolate de exceção da dieta.

Divida os seus dias na bonança, pois somente ela estará com você na pobreza e na desgraça, na adversidade e na doença, mais ninguém.

Só ela rezará por você quando igreja nenhuma acreditar mais em sua salvação. Só ela manterá a confiança quando não encontrar mais padre e pastor dispostos a recolher sua alma. Só ela ouvirá sua versão até o fim quando não restar mais nenhum ouvido crente em sua inocência. Só ela cumprirá as promessas e os pactos.

Que perdoe o meu sacrilégio, mas bênção de mãe vale mais do que a de papa, mais do que a de anjo, mais do que a de santo. Mãe não desiste diante de um milagre, começa a acreditar porque é impossível.

Mãe tem um ventre que não cicatriza inteiramente, tem um coração que jamais despeja, tem uma fé que não se abala e jamais fecha por completo o quarto da infância.

Ofereça carinho e amparo a sua mãe enquanto desfruta de condições, enquanto é fácil, não a abandone ao acaso e à sorte, preserve a sua derradeira amizade, cultive a sua definitiva confidência.

Mãe é a última fronteira do amor.

SÓ

Solidão não é estar sozinho, mas é não conseguir ficar sozinho, não se suportar sozinho.

Assim como a solidão não tem conexão com o deserto e o isolamento. Pode acontecer casado, acompanhado, cheio de gente ao lado.

Solidão é uma insuficiência que cresce: é a infinita capacidade de piorar o mundo para melhorar as reclamações.

Solidão é não encontrar ânimo tanto para acordar quanto para dormir, é quando o desespero desemboca em angústia.

Solidão é guerrear com a imaginação, lutar com a memória, combater os pensamentos. É se posicionar contra o perdão.

Solidão é uma saudade de si.

Solidão é rir sem vontade mais do que ter vontade de chorar.

Solidão é parar de achar graça quando as coisas dão errado.

Solidão é não ser compreendido. É explicar o que machucou e não receber o curativo da atenção.

Solidão é ser desacreditado sempre que se conta a verdade. É revelar uma urgência e ser menosprezado.

É expor uma necessidade e não ser levado a sério.

Solidão é a incomunicabilidade. É conviver com alguém e não ter como falar o que incomoda, é perder o ritmo da confissão, é não saber mais como começar uma conversa.

Solidão é ser assaltado várias vezes pela mesma tristeza. É não resolver nunca o problema, é aceitar a falta de solução.

Solidão é jamais encerrar as mágoas, adiar a despedida para fingir que a relação não acabou.

Solidão é não terminar mais nenhum livro e ouvir uma única música ininterruptamente.

Solidão é forjar respostas para não enfrentar as perguntas.

Solidão é chegar muito atrasado na emoção. É um desabafo feito exclusivamente de soluços.

Solidão é ir substituindo a vida por mentiras, é ir substituindo o compromisso pelas desculpas.

Solidão é assumir a culpa por aquilo que não aconteceu e, ironicamente, fugir da responsabilidade por tudo aquilo que aconteceu.

Solidão é ser desajeitado para amar e ser incompetente para odiar.

Solidão é quando o silêncio vira fardo.

Solidão não é o vazio, é ocupar o coração pela pessoa errada.

Solidão é manter um quarto infantil para um filho adulto.

Solidão é lembrar o aniversário um dia depois.

Solidão é um asilo para crianças, um orfanato para velhos.

Solidão é desinteressar-se pelas palavras e, em seguida, desinteressar-se pelo corpo.

Solidão não é ausência de sexo, é ausência de prazer.

Solidão é extraviar o contato com a família e não ter a humildade de reatar.

Solidão é desaparecer para os amigos durante a alegria e depois ver os amigos desaparecendo nos momentos da tristeza.

Solidão é pagar mesada aos defeitos e salário para as dores e não sobrar nada para agradecer aos céus.

Solidão é enjoar de tudo o que antes lhe inspirava, é quando a felicidade se transforma em tédio.

Solidão é rastejar com asas, não dispor da concentração mínima para recuperar o que era importante.

Solidão é não ser mais solidário consigo.

Solidão é recordar os bons momentos somente para se torturar.

Solidão é inventar doenças e morrer de desgosto pelo excesso de saúde.

Solidão é se sentir só ainda desejando estar só.

LOUCURA POR AMOR

Passar a vida inteira sem uma loucura por amor é o equivalente a não viver. Em algum momento, precisa dispensar as suas reservas e os seus pudores e mergulhar na coragem que é se entregar, mesmo que não tenha a devolução de sua história, mesmo que seja necessário recomeçar do zero, sozinho e endividado.

Ganha tudo quem se arrisca a perder tudo.

Loucura por amor é atravessar o mundo por alguém, é mudar de uma cidade por alguém, é trocar de emprego por alguém, é se reinventar por alguém. O que sugere submissão é prova de personalidade, pois não existe o medo de deixar de ser diante das novas experiências.

O que adianta viver sem nunca quebrar a régua, sem nunca dar um passo em falso? O passo em falso é a única chance que temos de voar.

As oportunidades desperdiçadas não voltarão a se repetir. A ocasião faz o herói.

Saber o que é necessário e não ousar é desmerecer a altura da felicidade, é apequenar a felicidade.

Amor é fundura mesmo. Não há maior desatino do que nadar no raso.

Como reconhecer o tamanho de um sentimento sem testar os seus limites? É como morar em uma casa e conhecê-la pela metade, é como manter vários quartos fechados ao longo do corredor e não ter nem a curiosidade de povoar inteiramente o desejo.

A loucura no amor é que garantirá a serenidade na velhice, a tranquilidade na velhice, a certeza de que não restou covardia para se lamentar, a confiança de que não houve nada a ser feito e de que as palavras não se distanciaram dos gestos.

Cansa prever sempre o que vai acontecer e ainda acertar, distanciado do nervosismo da surpresa e do arrebatamento da aposta. A profecia confirma a previsibilidade das nossas ações.

Só a loucura por amor traz a paz da consciência. É quando não nos arrependemos daquilo que não realizamos, quando a culpa não supera a memória.

Tentou-se o que podia, ofereceu-se o que se tinha em nome de uma verdade. Não se foi mesquinho com a própria biografia. A realidade não ficou reduzida à preguiça das mentiras.

É triste nascer gritando para depois se contentar com o silêncio.

VAGA-LUMES E POKÉMONS

Quando a mãe nos via muito tempo trancados no quarto, ela já esmurrava a porta:

— Não vão para a rua hoje? O que aconteceu? Olha que vão virar mofo, ácaro, cupim...

Deflagrava uma campanha terrorista para que eu e os três irmãos tomássemos ar. Não sei se ela tinha medo do que estávamos arquitetando, quietinhos, ou se realmente vinha de uma preocupação sincera. Naquela época, filhos na rua significavam saúde, filhos confinados em casa indicavam depressão.

Mas existia uma sentença mágica que nos impelia a abrir imediatamente o esconderijo e girar a chave na fechadura: quando ela dizia que estava anoitecendo e perderíamos a chance de caçar vaga-lumes.

Migrávamos do silêncio para o alvoroço. Gritávamos, brigávamos para cruzar o capacho primeiro e partir em busca dos tesouros nos quintais do mundo.

Levávamos potes de vidro com um buraco na tampa e ziguezagueávamos pelos bairros Petrópolis e Chácara das Pedras com os olhos em alerta. Bastava identificar o brilho peculiar, que cercávamos o inseto e colocávamos em um vidro para estudarmos as suas emissões luminosas. Era o equivalente a capturar estrelas. Depois de uma hora observando o facho luminoso dos besouros e procurando entender aquela estranha eletricidade, devolvíamos os bichinhos aos canteiros e árvores.

Quando vejo turmas perseguindo pokémons nas praças, com o visor dos celulares na frente dos olhos, eu não identifico o novo jogo como alienação. Não irei chamá-los de zumbis digitais, não reclamarei de que eles desprezam a realidade e só pensam em jogar, não farei cara de cegonho quando explicarem que estão no pokéstop e que usam pokébola para capturar os monstros ou que sonham em prender o Pikachu e chocar ovos.

Como pai, fico imensamente feliz, repetindo a atitude de minha mãe há três décadas.

Finalmente os adolescentes estão saindo do quarto, caminhando, fazendo exercícios, conhecendo espaços públicos, decorando o nome de ruas, começando amizades com quem também gosta do game, entrando em museus e prédios históricos que jamais conheceriam por sua espontânea vontade.

E ainda desfrutam do lucro ecológico, diferente da minha infância, de não torturar vaga-lumes.

QUANDO MORDI A MINHA LÍNGUA

O que sentimos ou deixamos de sentir está impresso nos mínimos gestos.

Você pode ser uma pedra, não falar nada, mas até a pedra um dia será amaciada pelo musgo.

Não adianta sonegar emoções, traficar amores, camuflar problemas, porque será descoberto. Entregará o que vem lhe preocupando pela aparência. Somos horóscopos ambulantes, biscoitos da sorte prestes a serem quebrados por uma mensagem.

No fim do Ensino Médio, eu vivia brigando com os meus colegas, desafiando os professores, respondendo desaforado aos pais. Óbvio que fui forçado a visitar a psicóloga da escola. Prometi a mim mesmo que lacraria a boca, ficaria calado durante a consulta inteira, faria terrorismo com a quietude. Não achava justo ser obrigado a me analisar e ainda mais numa época em que a terapia estava vinculada preconceituosamente à loucura.

Eu me ajeitei na poltrona com o meu estojo e caderno de aula debaixo do braço e a indisposição macabra de silenciar a cada pergunta. Mas a psicanalista não questionou nada, e o seu silêncio inesperado foi-me enervando. Ela me observava com interesse, e eu querendo cada vez mais me esconder. Quando alguém permanece quieto muito tempo em nossa frente é como encarar um espelho e o tamanho de nossas dúvidas. Ela me provocava não me provocando, ela me emparedava abrindo todas as portas. Aquela liberdade assustadora de não ser cobrado a participar me aprisionava.

Mexi em meu estojo para me distrair.

Ela perguntou se eu poderia emprestar uma caneta.

Alcancei uma Bic azul. Ela viu que a tampa estava mordida. Olhou com carinho e comentou:

— Enquanto não morder o tubo, está tudo bem.

Eu ri de nervoso e demonstrei curiosidade.

— Morder a tampa significa alguma coisa?

— Significa que não fecha as conversas, que foge das discussões com medo de dizer a verdade, que reprime o desejo e vira as costas remoendo sozinho as suas frustrações e decepções, jamais repartindo a sua verdadeira opinião.

Não revelei coisa alguma durante uma hora do encontro, mas ela me decifrou inteiramente apenas analisando a tampinha mordida da caneta. Uma mera, idiota e banal tampinha iluminou o meu comportamento.

A partir daquele dia, nunca mais subestimei a psicanálise e cuidei para morder somente a insossa borracha nos momentos de maior ansiedade.

MOLETOM NA CINTURA

Sei de um candidato a emprego desclassificado numa seleção porque estava com o moletom na cintura. O gerente de RH bateu o olho naquele centauro cafona esperando na salinha e já o dispensou sem direito a apelações e falsas esperanças.

Vestir moletom indica mau gosto, exibi-lo no quadril acaba com as dúvidas sobre a regeneração do sujeito.

Concordo que a malha pendendo como um rabo tem poder de veto na admissão de qualquer trabalho.

O moletom na cintura é andar com uma vovó abraçando as pernas. Tem um quê incômodo de arrasto. Como um para-choque solto de carro. Como atropelar uma baliza.

Carregá-lo na cintura é prova de preguiça. Se o homem nem leva o moletom no braço (para evitar incômodos), certamente repassará tarefas adiante e procrastinará no computador.

Moletom nas costas é coisa de tiozão, moletom amarrado na cintura é de alguém que ficou preso na garagem de uma reunião dançante.

É um vexame masculino. Será que o cara levou a sério o pedido materno de não esquecer o casaco? Não entendeu que era apenas uma formalidade?

Ao mesmo tempo que envelhece a aparência, infantiliza o caráter. É pôr um ursinho de pelúcia no lugar do cinto. Não enfeita a roupa, estraga.

A princípio, sugere a prevenção ao frio do entardecer com uma roupa reserva. Só que o portador esquece de um detalhe básico: calça não é cadeira, calça não é armário, calça não é cabideiro.

O moletom na cintura é próprio do homem querendo usar saia, porém sem a devida coragem para enfrentar a censura dos outros. Ele disfarça o seu flagrante desejo improvisando um saiote. Não é assumido, e busca se enganar ao máximo com permanentes gambiarras.

O macho que amarra o moletom começa a rebolar estranho e exagerado. Não anda, desfila. Baixa uma *top model* do umbigo para baixo. Se a mulher se esconde com o moletom, o homem vira uma saúva e aumenta o seu requebro.

Há uma regra fundamental na moda; duvide de tudo o que é quentinho e confortável.

O APOCALIPSE DE POLAINA

As mulheres têm toda a razão para reclamar de alguns péssimos hábitos masculinos de se vestir, como a gola V, fetiche dos marombados para exibir o peitoral e que só faz o sujeito parecer um *stripper* desesperado, ou sapato social com camiseta ou a gravata estampada de brechó ou o abadá do Carnaval retrasado ou o cinto de fivela de caubói ou o hábito de sair para passear com camisetas de futebol ou a sunga branca que mostra a penugem a cada mergulho.

Realmente, não há cabimento. São motivos para largar a mão do rapaz em caminhadas pelo Brique da Redenção.

Mas a mulher também guarda seus erros sociais, monumentais, passíveis de distrato na igreja e no cartório.

E o maior deles, que envergonha a classe dos namorados e o sindicato dos maridos, é a polaina, adereço que não deixa nenhuma beldade bonita e atraente, somente engraçada.

O que é uma polaina, meu santo pai?

Polaina dá vontade de rir. Você se levantou da cama e levou a coberta de lã junto? Você se confundiu de manhã e colocou um blusão nas pernas? O tapetinho do banheiro ficou enroscado nas pernas?

A polaina é um bambolê do tênis.

A polaina é uma meia de futebol com elástico estragado.

A polaina é um pijama arriado.

A polaina é um cachecol dos pés.

A polaina é uma sanfona murcha.

A polaina é um vício sem cura: terminará combinando polainas com Crocs.

A polaina serve para disfarçar a canela fina e esconde o corpo inteiro.

A polaina entrega o sonho de infância de ser Paquita.

A polaina evoca Menudos, bandana e pulseiras de cordas de violão.

A polaina é o almanaque dos anos 80 publicado em pano.

A polaina é uma gravata-borboleta que voltou a ser lagarta.

A polaina é um pompom que caiu do casaco do bebê.

A polaina é calçar um poodle.

A polaina diminui ainda mais a baixinha.

A polaina é colorida como um drinque, porém traz a ressaca antes mesmo da euforia.

A polaina aquece as panturrilhas e esfria a relação.

A polaina é tão clandestina, tão feia, que não existe polaina de marca famosa; nenhuma fábrica ousa assumir o seu crime.

A GENTILEZA É O ÓLEO DAS RELAÇÕES

Somos educados com estranhos. A ironia é que não somos educados com quem amamos.

Parece que amar é perder o freio da língua, que deixamos de medir as expressões quando estamos à vontade na cozinha, de abrigo e Havaianas, conversando com a família, que intimidade é o antônimo de formalidade.

Existe a mania de entender que a convivência traz a possibilidade de falar qualquer coisa a qualquer hora. Conferimos licença para grosserias sob alegação de espontaneidade.

A preguiça atrofia o amadurecimento; dispensar o cumprimento e o agradecimento traduz um completo desprezo a todos que nos acompanham. É também um indício de pouca humildade, já que nos sentimos superiores a ponto de nem olhar para os lados.

Não acredito que um filho respeitará o pai se não adotar "com licença" e "obrigado" dentro do lar. Nunca abdiquei, por exemplo, do costume de solicitar a bênção para a mãe no momento em que me despeço dela — baixo a cabeça em obediência aos mais velhos e ofereço a minha testa para receber a sua proteção.

A gentileza começa com o dever de casa e se estende aos demais. Quem abdica da cordialidade com a família jamais será genuinamente afetuoso nem absorverá o sábio rigor do silêncio e a pausa de reflexão diante dos erros cometidos.

O rancor surge da falta de controle. A agressividade emerge da ansiedade.

A educação é pensar duas vezes antes de fazer uma bobagem; representa um intervalo entre os impulsos para organizar a emoção. Ela renova o alvará da rotina, reconhecendo o valor daquilo que se tem.

Educação não é frieza, não é censura, mas proteção para não machucar e ferir os mais próximos.

Desfaz mal-entendidos com a paciência da linguagem. Equivale a uma fisioterapia da alma, quando as palavras se apoiam nas barras do cavalheirismo para fortalecer as longas pernas da verdade.

Não canso de avisar de meus movimentos e retribuir os outros pela preocupação comigo.

Não há dia em que não diga "bom dia" para a minha mulher, mesmo que seja redundante. Não há noite em que não diga "boa noite" para a minha mulher, apesar de dormir e despertar sempre com ela. A qualquer pedido que faço, reitero o "por favor". É para alcançar o sal ou o controle da tevê. Ela não tem obrigação nenhuma em me atender, trata-se de um agrado a ser recompensado igualmente com o meu capricho.

Não é porque nos conhecemos que dispensarei o cuidado. Até porque o tempo de casamento não torna ninguém resistente; somos mais frágeis e vulneráveis quanto mais nos entregamos.

O FIM DO NOME

O amor assassina o nome próprio.

Você perderá o seu nome. Lentamente. Indubitavelmente. A ponto de ele virar uma ofensa.

Puxo discussão com a mulher quando ela me chama de Fabrício. Declaro guerra na hora. E não diminuo a ofensiva mesmo quando ela me responde o óbvio, que está me chamando pelo meu nome.

É que me acostumei com os apelidos, diminutivos, aumentativos, em ser nomeado de Paixão, Gostoso e Delícia, que não supero a regressão. O nome acaba sendo a denúncia de que fiz algo de errado. O nome é uma suspeita de que decepcionei. O nome é rebaixamento da intimidade, é atraso, é greve, é contenda. Traz uma solenidade grave para a conversa, rompe com as brincadeiras, suspende a informalidade. Em sua cortina sonora, vem a ancestralidade da mãe e do pai me xingando por alguma coisa que quebrei em casa. Despertam as vozes de apreensão e de autoridade que moram no nome:

— Fabríciooooooô!

Depois do amor, o nome morre. Foi ferido pelos castigos e medos no tremor da vida, mas morre somente com a convivência a dois.

Não ouço mais o meu nome esportivamente, à vontade, como quem descasca bergamota e cospe as sementes pela janela.

O amor destruiu o meu nome, esfacelou o meu nome, corrompeu o meu nome. Já não posso mais ser Fabrício impunemente. É uma advertência. Dependo da voz da Linda da Minha Vida me adjetivando. Não sou mais substantivo.

Perdi o prazer do eco. Nem fico para o retorno do timbre. Vou extraviando a importância de escutar alguém me chamando, a alegria de ser gritado por um colega ao longe. Nem sei como reagiria hoje à lista de chamada da escola — enfrentaria a professora com um ausente?

O amor termina com as individualidades até que sejamos anônimos, desaparecendo a vaidade do batismo.

Ou talvez o casamento seja um segundo batismo, onde recebemos um codinome secreto, um antinome público, para o regozijo particular.

CRISTALEIRA

No centro da sala da escritora Martha Medeiros, reina uma cristaleira impecável, linda, com os vidros desenhados.

Estanquei na porta de acesso do corredor para observá-la com calma. Não era mais uma cristaleira, e sim uma religião.

Quando fui elogiar, Martha já se desculpou:

— Comprei pela metade do preço. A loja avisou que estava arranhada.

Procurei encontrar a avaria no móvel, alisei longamente a textura da madeira e não localizei nenhuma fissura, fenda, risco que pudesse ser chamado de dano.

— Onde está o arranhão, Martha?

— Embaixo das gavetas. Mal dá para ver.

Mal é eufemismo, não dava para ver mesmo. De modo nenhum.

Depois sozinho, em casa, ruminei a cena vivida com a amiga e constatei que repetimos o tratamento culpado da loja com a cristaleira.

Sofremos por um defeito que ninguém enxerga, ninguém repara, e nos vendemos para os outros pela metade do preço.

AMIZADE É TAMBÉM AMOR | 125

É uma desvalia que retira o nosso orgulho de viver, a nossa confiança, e nos rebaixa a aceitar qualquer valor, ainda que humilhante.

É alguém que se acha feio, alguém que se acha pobre, alguém que se acha burro, alguém que se acha inexperiente, alguém que se acha lento, alguém que se acha travado, alguém que se acha tímido, alguém que se acha tolo e se entrega quase de graça, não exigindo nada, suportando tudo, sendo criticado ou zombado e sem condições de revidar porque colocou na cabeça que tem um arranhão invisível.

Quantos se acham estragado e entram num casamento ou num emprego para serem maltratados por algo que nunca será descoberto? Quantos acreditam que não merecem um amor inteiro, desenganados pela ilusão de um problema pessoal, e aceitam a insalubridade dos amantes? Quantos se rendem a uma dificuldade inventada e se submetem à caridade e às sobras das horas de terceiros? Quantos sofrem à toa por algo que nunca será percebido?

Quantas pessoas, lindas, impecáveis, no centro de um relacionamento, que não se respeitam por uma falha absolutamente imaginária?

CIÚME É BOM

Ciúme nasceu para ser dito antes dos fatos, feito para despertar cautela e cuidado.

Ciúme que não é preventivo já é infidelidade.

Quando alguém reclama que o outro sente ciúme sem motivo tem toda a razão: o ciúme é absolutamente sem motivo. Sua natureza é despretensiosa, aleatória, intuitiva.

Ciúme vem da tradição da fofoca, da escola da boataria.

Não entendo quem não fala nada quando está desconfiado: reprime o ímpeto educadamente, despreza sinais e gestos, pois não pretende cometer injustiça. Ora bolas, o ciúme é exatamente uma injustiça prévia para que a relação não termine na justiça do fórum.

Eu não tento aparentar ser melhor do que realmente sou. Declaro o ciúme de cara. Eu pergunto "onde vai" e "quem é" assim que surge a dúvida. Não fico plantando maduro para colher podre. Não prego cenas e birras, muxoxos e indiretas. Não pretendo iniciar investigação, mexer em celular e laptop e colher provas silenciosamente para incriminar de vez.

Exerço a confiança no sentido de me apresentar claro e direto, pontual e determinado. O risco do ciúme é deslizar para o ressentimento e o da insegurança é se agravar em paranoia.

Ciúme existe para garantir a inocência do outro, enquanto ainda é possível, jamais uma armadilha para confirmar a culpa.

Ciúme é alerta, advertência, assobio, chamado para dentro da intimidade.

Se a pessoa predileta por acaso pensava bobagem, lá vem a gente no encalço dissipar a fantasia e lembrar a importância da relação. Um pouco de culpa aperfeiçoa a saudade.

Ciúme tem o papel estratégico de atropelar fatos, distorcer, apressar, é um sentimento exagerado com medo de virar acontecimento.

Ciúme é para ser gritado, alardeado, festejado. Ele combate a indiferença, a maior causa de morte dos romances.

Deve ser dito sem nenhuma evidência. Não confunda ciúme com profecia. Prefiro errar a ser corno, prefiro me enganar a perceber que tinha mesmo razão.

Ciúme é para evitar o pior, não é para se conformar com o pior.

Não adianta guardar o ciúme para depois. Depois é tarde demais.

Seja ciumento na hora certa, e com doçura e gentileza, para mostrar que se importa com quem ama. O problema do ciúme é e sempre foi a grosseria.

CADÊ A COXINHA?

Passei na cantina da escola para matar a saudade dos pecados de infância. Iria pedir um enroladinho. Já salivava ao imaginar a mordida na massinha. Aproveitaria os minutos antes da minha palestra em colégio da capital para engordar e ressuscitar os sabores da meninice.

O barzinho parecia idêntico ao da minha época de estudante, com jeitão de trailer e a tampa da janela levantada. Mas não tinha enroladinho, este irmão menor do cachorro-quente.

O tio — todos os atendentes sempre serão tios para mim, não importa a minha idade — demorou a entender o que era enroladinho. Procurando me contentar, ofereceu um *hossomaki*. Juro que a minha audição tossiu de volta as palavras. Não esperava Tóquio em Porto Alegre, tanto que conferi o logotipo dos uniformes ao redor para me certificar de que não se tratava de um pesadelo.

— O quê?

— Sim, é o que mais sai no recreio — explicou ele.

—Tá brincando, né?

— Não, os alunos têm preferência pelos rolinhos finos, quer experimentar? Ainda oferecemos *temaki*, *kappamaki*, *tekkamaki* e *uramaki*.

Não desejava comida japonesa às dez da manhã. Qual o destino dos lanches perigosos e gordurosos das escolas? O que aconteceu com o rissoles? Onde foi parar o folhado? Cadê a irresistível coxinha?

Suava frio com o excesso de saúde na infância. Os dedos ágeis e aflitos no guardanapo terminaram trocados por pauzinhos? A mostarda e o ketchup perderam sua realeza para o *shoyu* e o *wasabi*?

Ninguém mais mastigava pastelina com guaraná? Agora era suco verde e tapioca?

Que medo dessas turmas nutri, que desconhecem o poderio doce das balas Xaxá e 7 Belo. Será que os alunos pedem bolo integral de banana em vez de bolo de chocolate?

Que receio dessa geração fit que não experimenta o proibido, que come no lanche o mesmo que come no almoço e na janta e que não separa o mundo doméstico da casa do selvagem universo escolar.

Só o que faltava não mentir aos pais. Para a família, eu não relatava os feitos gastronômicos. Preservava a privacidade da gula. Fingia que adorava a merenda, um sanduíche insosso de ricota, e devorava um largo e maravilhoso pastel de carne, com o caroço do ovo saltando na pele dourada.

Amadureci porque sempre cultivei os meus segredos.

A CAPA DE SUPER-HERÓI DOS CADERNOS

Era certo como Natal e Ano-Novo.

A família se reunia na véspera das aulas para encapar os cadernos.

Sentávamos todos os irmãos e a mãe ao redor da mesa para colocar uma capa transparente ou uma estampa que sobrava dos presentes.

Um dos únicos dias do ano em que dormíamos tarde, atravessando de longe a meia-noite.

Lembro da função: recortar papel bonito, dobrá-lo nas orelhas e paramentar uma por uma das obras para o começo do ano letivo.

Estudar significava um prêmio. Não podia chegar de qualquer jeito na escola. Assim como revisávamos o uniforme (podia ser pobre, mas sempre limpo, podia ser gasto, mas sempre lavado), não permitíamos que nenhum livro viesse sem uma sobrecapa. Tinha que durar. Tinha que sobreviver aos sanduíches do recreio e às gotas perdidas do Nescau da térmica. Tinha que aguentar as viradas de página e o manuseio infinito.

A mãe transformava a tarefa em festa. Ela nos ensinava a embrulhar devagar, a preencher o nome e a série que iniciaríamos em todos os itens, colava durex com o nosso nome nos objetos do estojo de madeira, incitava o orgulho da letra e do capricho.

Ela descia à nossa idade para mediar a ansiedade, perguntava se manteríamos a mesma turma ou viria colegas novos, questionava qual tinha sido o professor preferido, de quem sentíamos mais saudade, se escondíamos um amor secreto nas amizades. Quando não respondíamos nada, nos atacava com cócegas debaixo dos braços: "fala, fala, fala!".

Ninguém recebia um caderno diferente de outro irmão. Tudo igual, para não gerar ciúme e competição. A maior parte não contava com fotografia e desenho famoso, não descendia de grife e marca. Cadernos simples, pautados, sem espiral, pequenos, incluindo o temido de caligrafia. As folhas costumavam ser duplas, não havia como arrancar nenhuma página sem fazer estrago na costura.

Apontávamos os lápis como quem repassa um exército enfileirado. Dois para cada filho. Eu queria ser famoso como Faber-Castell. Partilhávamos as mesmas iniciais. Jurava que Faber Castell era filho do Johann Faber.

Não usávamos caneta. Caneta pertencia ao mundo do escritório, coisa de adulto. Nossa condição estava restrita a escrever rascunhos até crescer e virar gente grande.

Amava aquele tempo de expectativa, de preparação para momentos importantes da vida. Não vivíamos apenas, mas nos preparávamos para viver.

Existia uma paciência que não existe hoje, de esperar a televisão aquecer até vir a imagem, de furar a lata de azeite com um preguinho, de aguardar a foto revelar, de escrever cartas, de descontar um cheque, de lustrar os móveis com o óleo de peroba, de catar cidades no mapa, de ir até o orelhão para falar com parente no interior, de mandar telegrama em caso de doença ou morte, de suportar o leite fervendo e a massa do bolo descansar, de degelar a geladeira, de pensar como seríamos felizes se passássemos naquele ano por média.

MEU FILHO GRANDE

Só pode saber que está morrendo quem tem um filho.

O filho é a régua da existência. Ele mede o meu fim. Mede o tamanho de minhas realizações. Mede o meu salário. Mede a minha folga. Mede a minha dispersão. Mede a minha loucura e a minha sanidade. Mede a minha vontade de acordar. Mede a minha felicidade. Mede a minha paciência com imprevistos.

Podemos até nos enganar sozinhos, só que não tem como disfarçar a fundura do cotidiano diante dos filhos.

O filho é a nossa largura, a nossa dimensão, é quando o mundo nos abraça e também nos esmaga.

O desemprego dói mais sendo pai. Um desaforo dói mais sendo pai. A risada é mais estridente sendo pai. Um elogio é mais desconcertante sendo pai.

Eu me acostumei a me encarar no espelho e desprezo as rugas, os pés-de-galinha, as olheiras. Não acompanho a minha idade — é como se mantivesse a vitalidade de um jovem por dentro do raciocínio.

O filho me devolve o meu tempo, o tempo findo e vindo da aparência.

Ele quebra as superfícies espelhadas e a fixação dos hábitos.

Não há mais como mentir a minha idade quando observo que ele me ultrapassou na altura, que usa calça 42, que o tênis abandonou o 37, que os meses são anos para o adolescente, que não compreende as minhas gírias, que as minhas piadas não têm graça, que ele já é adulto e adquiriu uma melancolia no olhar, própria de quem já se frustrou alguma vez comigo.

Pelo filho, descubro que envelheço. Mas, por ele, não quero morrer.

SILÊNCIO DO INVERNO

Quando as vidraças estavam embaçadas, eu me preparava para o silêncio. Estava frio, com temperatura abaixo de 10 graus.

Já sofreria com a proteção do uniforme escolar, casaco da escola não supriria os arrepios e calafrios. A obrigação de vestir apenas trajes com o brasão da escola impediria que pudesse colocar roupa sobre a roupa. Recorria ao pijama por baixo — um sonhador forçado, por absoluta falta de opções, durante os primeiros anos de ensino.

Manta e gorro completavam o figurino azul-escuro.

A geada cortava o rosto e não deixava marcas. Sabia bater para não ser presa. Nunca tinha como provar que eu apanhava.

Nenhum professor mantinha a turma quieta, nenhuma tarefa, nenhuma voz autoritária, nenhum castigo; apenas o inverno rigoroso do Rio Grande do Sul.

Éramos obedientes pela submissão do tempo.

Quem entrava ali de repente acreditava no bom comportamento da classe.

Lembro claramente que nenhum colega falava — todos vítimas dos caminhos gelados e das madrugadas de ventos.

Abríamos o livro como se as ilustrações fossem uma lareira inesperada. Colocávamos uma mão debaixo da perna para aquecer. Rezávamos mais do que estudávamos para o sol subir e o verde aparecer. O recreio nos salvaria do *iceberg* da quietude.

Não existia lado de fora e de dentro. As salas careciam de aquecedor. Estudava a céu aberto com um teto de mentira.

Na aula de português, no momento de interpretar algum texto em voz alta, as crianças fumavam neblina. Saíam espirais das bocas.

BANHO DE CANECA

Quando o chuveiro estragava — e óbvio que estragaria com três irmãos mais os pais usando a todo o momento —, não havia conserto próximo. Era como obra de governo esperando licitação.

A água já vinha rala, em cinco filetes desmotivados, e ainda por cima chegaria fria em nossa pele. Não poderia continuar chamando de chuveiro, e sim de goteira. O ressentimento ganhava um aliado poderoso.

Parecia que tudo colaborava para o treinamento militar. O chuveiro estragado igualmente dava choque — apenas o choque não estragava.

A janelinha do banheiro estava trincada, permitindo que uma fresta de vento batesse em nosso rosto na hora do banho. Nem o papelão improvisado pelo irmão mais velho conseguiu bloquear a indiscrição do minuano.

Passei muito frio na infância, a ponto de até hoje tremer com a ideia de resistência quebrada. O chuveiro terminava sendo uma roleta-russa. Alguém pagaria o vexame de colocar o xampu na cabeça e espatifar os miolos de repente na água gelada.

A tática circense da família consistia em tomar banho de caneca. Ridículo, mas o desespero unicamente produz soluções ridículas.

A mãe esquentava uma chaleira, despejava num balde, e tínhamos que nos banhar com uma caneca de metal.

Havia uma ciência em se lavar daquele jeito, uma concentração para executar passo a passo.

O banho precisava ser rápido e fulminante. Pelava no início e tiritava no fim.

Uma caneca e pá: ensaboar o corpo inteiro, outra caneca e pá: tirar a espuma, terceira caneca e pá: aquecer o corpo, quarta caneca e pá: sair correndo e se meter na toalha. Lembro perfeitamente das quatro precisas e cirúrgicas canecas.

Não fui batizado uma só vez na igreja. O inverno gaúcho foi um São João Batista insistente comigo.

MELHOR A EMENDA

Tenho piscianos por todos os lados. Minha mulher e meu filho são do signo de Peixes.

Eles são esquecidos por natureza. Deixaram para trás uma coleção de carregadores de celular, de documentos, de casacos. Esquecem, mas com a diferença de que não sofrem como os demais mortais de outros horóscopos.

Beatriz perde o cartão de crédito e não entra em pânico. Segue naturalmente com o horário do expediente e somente procura o objeto de noite, com calma e tempo. Sempre encontra, sempre me esnoba.

Eu já não conseguiria fazer mais nada até resolver o assunto. Já telefonaria para a operadora suspendendo o serviço, já realizaria uma varredura telefônica pelos últimos lugares por que passei, já rezaria para Ave-Maria e São Longuinho. Sou atormentado por tudo o que extravio.

Vicente abandonou mochilas com carteira em casas de colegas e recordou apenas quando voltava de táxi, no momento de pagar.

140 | CARPINEJAR

Eles são tão honestos e convincentes que podem acertar as dívidas e resgatar depois. Ninguém acredita que é calote, ninguém duvida da seriedade dos lapsos.

Sou fascinado pela natureza do pisciano. Ele esquece quando quer, tem uma memória viva dentro do esquecimento.

O mais grave exemplo desta estirpe é o meu pai. Logo o meu pai, dotado da capacidade prodigiosa de decorar todo *Os Lusíadas* e não errar uma vírgula de cabeça.

Ele, uma vez, nos idos dos anos 70, esqueceu que tinha ido de carro ao Ministério Público, no centro de Porto Alegre, e retornou para a residência de ônibus.

Abriu o portão e a garagem estava vazia. Para quê?

Correu para a delegacia registrar o furto. Explicou aos policiais que era promotor de Justiça, que deveria ser perseguição, que havia processos importantes no carro, e criou uma mobilização à procura do seu Corcel amarelo.

Após doze horas e dezenas de cafés em copinhos plásticos, o veículo paterno acabou localizado exatamente em sua vaga no estacionamento do Ministério Público.

O pai não se deu por rogado. Para variar, não admitiu o vacilo e não dobrou o seu orgulho:

— Pelo menos o ladrão foi educado, usou o meu carro e estacionou certinho.

A única incoerência da história é que o meu pai não é pisciano, e sim capricorniano. Mas a incoerência é também algo muito pisciano.

GUARDADORA

Não sou de fazer suspense nem sei contar piada.

Eu sou a própria piada, o que estraga qualquer narração de história. Sou mais engraçado quando fico sério. Nasci na época errada: um astro do cinema mudo no século 21.

Nunca seguraria um segredo biográfico até a morte de alguém. Evito realizar promessas de propósito para não ser amaldiçoado. Não juro beijando os dedos.

Não poderia participar de nenhuma máfia porque seria morto na primeira semana. Eu me desperdiço rápido, com tendência letal à fofoca. Nem vivi ainda e já estou contando. Para mim, véspera já é notícia, quase acontecimento é experiência. Preciso cuidar para a minha ansiedade não atropelar a existência.

Mas há gente com o dom de se guardar para os grandes momentos. Com a vocação de reunir as forças para o apogeu da sensibilidade. Como a Luiza. A Luizinha de Nazaré, de 77 anos, que mora sozinha em Anta Gorda (RS), a 190 quilômetros de Porto Alegre.

Ela sofre de osteoporose. Às vezes, tem crises sérias a ponto de não ter força para se levantar. Fica acabada, triste, com ossos frouxos, como um quebra-cabeça que carece de algumas peças, e depende de ambulância para ser decifrada pelo seu doutor em Porto Alegre.

Os plantonistas do hospital local não tiram uma palavra de sua boca, uma descrição do que está acontecendo em seu corpo, um sintoma qualquer, não têm nem informações para preencher o prontuário. Entram em pânico com o silêncio irredutível de Luizinha.

Ela não fala. Só fala na presença de seu médico. Seu médico é seu advogado. Parece que a doença é um crime pessoal. Entra calada e sai calada da emergência do hospital da cidade, só troca gemidos e resmungos com os enfermeiros.

Testemunhando a aflição infinda da paciente e desconhecendo o seu temperamento arisco, um dos socorristas inventou de oferecer um analgésico para aliviar sua tormenta. Ela começou a gritar sem parar, como um alarme de carro.

Luizinha ficou profundamente ofendida com a oferta. No fim, explicou para o perplexo atendente:

— De modo nenhum, não quero tomar nada para me aliviar. Quero chegar ao médico com toda a minha dor.

COMBO-FAMÍLIA

Com a recente transformação da estrutura familiar, hoje formada por madrastas, padrastos e meios-irmãos, e diante do rearranjo veloz dos relacionamentos ao longo da vida, ficou comum a expressão "arcar com o pacote".

Quando alguém casa com mulher ou homem com filhos de outros casamentos, logo fala aos amigos que terá que comprar o pacote inteiro.

Mesmo soando como uma manifestação de amor ("se eu não te amasse não assumia todo o pacote"), a frase tem um quê de pesar. É, na verdade, uma confissão de sacrifício.

A declaração é infeliz pois sublinha o apesar, ressalta o desconto, enfatiza a restrição. O pacote é uma inevitabilidade forçada, aponta os malefícios do benefício.

As crianças são tratadas com uma conotação de contrariedade.

Não adianta elogiar a companhia cometendo uma crítica velada à paternidade ou à maternidade. Não adianta homenagear o namoro e atacar os filhos, compreendidos como um fardo e juros de antigos amores.

É necessário entender que o filho não é opcional, não se abandona o laço, é parte irreversível do caráter do pai e da mãe.

Na hipótese do pai e da mãe desprezarem as crias em nome de uma relação recente serão também péssimos amantes e cuidadores.

O natural é não falar nada, deixar as coisas acontecerem, permitir que a amizade nasça da espontaneidade e se fortaleça com o decorrer do tempo.

Não há como gostar de alguém por antecipação, mas tampouco é justo desgostar prematuramente; que a rejeição não seja herança de condicionamentos culturais e preconceitos sumários com quem já tem um passado.

Recorrer à ideia de combo é anunciar nitidamente que está levando algo que se quer com algo que não se quer.

A gravidez desejada não acontece uma única vez na vida com os pais da criança, acontece sempre que se inicia uma nova família com os filhos já crescidos.

AUTOESCOLA PARA CONDUTORES DE GUARDA-CHUVA

Porto Alegre é maravilhosa, pena que foi construída embaixo de uma goteira.

Mas o problema não é a chuva frequente, é a nossa falta de profissionalismo diante da chuva. Deveria existir uma autoescola para quem dirige guarda-chuva, com o mínimo de 25 horas de aulas práticas. Deveria ser criada uma nova categoria na carteira de habilitação. Deveria existir um código de trânsito para se deslocar nas marquises, com preferência para os transeuntes de capa. Deveria existir uma tropa de azuizinhos fiscalizando as barbeiragens dos usuários, os esguichos de poças e o estacionamento em locais proibidos, em especial na saída aglomerada de lojas e de farmácias. A arrecadação de multas superaria a antecipação do IPTU.

As pessoas não sabem conduzir um guarda-chuva. As manobras são altamente perigosas. Conheço gente que nunca fez baliza para fechar um, nem sequer recua antes de recolher o seu objeto e acaba agredindo o rosto de vários pedestres desavisados.

Caminhar na chuva é um excelente psicotécnico. Pressupõe raro equilíbrio entre o dentro e o fora, o motorista necessita manter a cabeça ereta para apanhar o horizonte sem jamais deixar de reparar onde está pisando.

O guarda-chuva não é uma invenção filantrópica. Não poderia ser vendido indiscriminadamente. É uma bengala com ponta de lança. Uma vareta solta que se torna faca apontada da baioneta. Não é por menos que é arma de vilões, como o Pinguim de *Batman*. Não é à toa que foi proibido o seu ingresso em partidas de futebol.

Guarda-chuva requer manejos talentosos. Reivindica estudo e treino. Nas mãos erradas, há o sério risco de nocautear velhinhos, pisar em cachorros, subir em mendigos ou arrastar crianças.

As chuvas nos trópicos não são monótonas a exemplo da Europa. Não respeitam nem o estilo das estações. Mudam conforme o choque inesperado das frentes frias com as quentes.

Sair de casa significa enfrentar um inimigo qualificado. Não é possível segurar o cabo do mesmo jeito e com idêntica força.

Tem a chuva-canivete, que exige uma leve inclinação de viseira. Tem a chuva-ventania, em que a água parece vir de baixo, a única defesa é dançar frevo. Tem a garoa, invisível, na qual você dá carona para alguém, não vê a chuva vindo e a pessoa ao lado — coitada — fica toda molhada. Tem a tempestade, em que o guarda-chuva vira na esquina e sobe como um balão. Tem o dilúvio, que sindicaliza as bocas-de-lobo e mobiliza os esgotos e nos surpreende com uma correnteza de frente. Tem a chuva de pedra, em que o céu devolve todos os gelos que você deixou de repor nas formas da geladeira nos últimos dez anos.

Durante o toró porto-alegrense, cuide ao atravessar a rua e cuide muito mais para não ser atropelado na calçada.

A CASA NO PÁTIO

Nunca fiz nenhum piquenique, de preparar sanduíches, levar térmica de café e descansar debaixo das árvores, de estender uma longa toalha quadriculada e sentar à toa com amigos e familiares. Não foi por falta de convite; acredito que quem gosta de piquenique são as abelhas e as formigas. Na melhor das hipóteses, sairei inchado de picada de mosquito. Minha pele é altamente alérgica. Sou urbano por uma questão de saúde.

Mas sempre fui devoto do pátio, com espaço para o trapézio das frutas e das aventuras nos muros e telhados.

O grande dia da minha infância era o da faxina. Quando se esvaziava a casa inteira para dar conta da sujeira grossa, que não podia ser feita com a velha "feiticeira".

Os pais carregavam os móveis para fora. Inventava que estava doente e ia sendo carregado junto. Contentamento de ser pequeno e confundir a mudança de hábitos com férias. O sofá verde ganhava assento embaixo do abacateiro, finalmente lindo contrastando com a terra vermelha — eu deitava em suas almofadas por horas a fio, olhando os mínimos movimentos do tronco e descobrindo os ninhos dos pardais.

Eu também participava da surra dos tapetes nos varais. Eles apanhavam de vassoura por tudo o que esconderam ao longo do tempo. A poeira subia luminosa. Cena pungente e tocante. O pólen mágico dos sapatos acumulados caminhava para o céu.

As colchas, cobertas e travesseiros vinham tomar sol ao lado dos colchões, pertinho da horta. Eu deitava nos tecidos quentes. Entontecia de calor. Chegava a sonhar e perder a noção da realidade. Até que alguém chegava para estragar o prazer e me enxotar da súbita realeza.

Havia uma sensação de troca de endereço, de circo, de festa no meio da bagunça.

Os adultos estavam enlouquecidos limpando geladeira, segurando a mangueira, esfregando o rodo, aspirando os corredores, e eu contente com as cadeiras desobrigadas de suas funções, escalando montanhas imaginárias com os irmãos. Botava os casacos de meu pai, esquiava com os saltos da mãe, aproveitava as roupas lavadas para montar um teatro infinito de personagens. Não havia diversão igual — uma vez por mês tomava conta da residência.

Ao final, já de tardezinha, com o crepúsculo dourando as folhas, brincava de cama a céu aberto, testemunhando o vaivém das nuvens. Uma delícia ter um quarto sem paredes, ter o mundo suspenso, ter a liberdade de não precisar ser ninguém, ter a imortalidade do vento no rosto e a absoluta ausência de pressa.

PAPELÃO

Não havia sacolas plásticas no supermercado dos anos 70 — eram sacos de papel.

Quando o empacotador colocava a verdura molhada no fundo, o pacote arrebentava e todos os produtos rolavam pela calçada. Vinha aquele desespero para catar a couve atravessando a rua e perseguir as laranjas antes da boca-de-lobo.

O descuido do funcionário na ordem dos mantimentos costumava render pronto-socorro, com a explosão das garrafas de vidro no chão.

Não foram poucas as vezes em que vi clientes atrás de suas compras pela ladeira da rua Carazinho, na minha Porto Alegre.

Tanto que uma das principais advertências familiares consistia em segurar o pacote por baixo, jamais por cima.

Cruzava os dedos em uma cinta dos produtos até em casa. Passo a passo, um garçom equilibrando a sua bandeja de compras ao longo de seis quadras.

Guardo esta máxima quando alguém me pede um conselho. Vou além do universo consumista.

Ao falar, olhe nos olhos, dê colo às palavras. Porque, diante da embalagem e aparência frágeis, o conteúdo irá desabar.

Esteja por inteiro, mesmo que seja para discordar e ser desagradável. A mentira convive fertilmente com a dispersão.

Não trate o outro como paisagem secundária. Não fique conversando distraído, numa sobreposição aleatória de atividades. Conversar é se entregar inteiramente para aquela tarefa.

Tampouco tenha as respostas prontas. Não murmure sim sem parar. O interlocutor nem acabou de perguntar e você já está respondendo. A indisposição gera a maldade.

Apoiar as palavras é não ser prepotente. Só os prepotentes seguram o pacote pelas abas de cima.

No supermercado da infância ou da linguagem, a verdade nunca foi uma questão de força e de grito, mas de jeito.

CAPRICHOS ADOLESCENTES

É chato o adulto que insiste para colocar em prática os sonhos tardios de adolescente. Suspende a sua vida e a vida de quem ama por uma birra.

O que não foi realizado não precisa mais ser realizado. Você mudou, e os sonhos também.

Casamentos e namoros terminam porque alguém inventa de recuperar o tempo perdido da juventude. É achar que deixou de fazer algo importante e que amarga uma segunda opção de biografia, menos emocionante e verdadeira.

O perfeccionismo sempre mata a perfeição. Teimar em restaurar a ordem cronológica é doença dos obsessivos. Damos a meras esquinas importância de encruzilhadas.

A ânsia de concluir o que ficou para trás sabota relações honestas e sinceras. Paralisa a entrega. Diminui a rotina. Incentiva a avareza e o egoísmo.

São os mortos-vivos do amor, com o desejo exilado em realidade paralela, com o corpo aqui e a mente no passado.

Ou pela crença de que casou jovem demais e não aproveitou a solteirice. Ou pela ideia de que deveria ter viajado sozinho o mundo de mochila. Ou pela ilusão de viver na praia vendendo artesanato.

Não tem como conciliar o que o coração foi um dia com a cabeça na maturidade.

Sonhos atrasados não são lembranças, não aconteceram, são apenas caprichos.

Digo adeus a tudo o que não fiz para valorizar o que estou fazendo.

RAPIDEZ INSUPORTÁVEL NA MESA

Não há motivos para ser um esfomeado. Mas põe um prato na minha frente que devoro em dez minutos. Tenho uma rapidez de britadeira. Quando estou num almoço de aniversário, eu fico perdido. Termino rapidamente a refeição enquanto os outros ainda estão começando. Surge o tédio, sou obrigado a me fixar no silêncio e na paciência e esperar o momento da sobremesa para reaver o valor da presença.

A passionalidade é resultado da mesa cheia da família. Disputava a comida com três irmãos. Não havia fartura, a mãe cozinhava exatamente o que precisávamos — nem mais, nem menos. Eu cortava o bife de olho no segundo bife, eu sugava a massa de olho na macarronada da bandeja, o meu radar estava sempre ciscando o andamento das vasilhas e controlando o desempenho dos manos. Eu não comia, ganhava ou perdia corrida. Meu principal adversário era o Rodrigo, que sempre se adiantava para repetir. Quantas vezes colocamos o garfo juntos no mesmo bolinho derradeiro? E a mãe vinha com a democracia do empate e pedia para repartirmos. Ambos baixávamos a cabeça constrangidos pelo egoísmo.

O terror gastronômico alcançava o seu pico com tortas e doces. Aquele que acumulava mais fatias se vangloriava a tarde inteira e flauteava os concorrentes. Eu não disfarçava a raiva de ser passado para trás, puxava briga e armava confusões.

Até hoje guardo o hábito de colocar o brigadeiro inteiro na boca para ganhar tempo e pegar o próximo. Não queira me encontrar em festa de criança. Nunca conheci as etapas do apetite, as preliminares, o antepasto, sou um ogro da voracidade. Menu degustação jamais funcionou comigo.

A diferença de postura em relação à minha mulher é gritante. Beatriz come devagar, quase parando, saboreando, sem pressa alguma. Não sofre com o que é servido, não acha que está sendo injustiçada, não pretende se sentir favorecida mesmo quando está diante de uma lasanha ou uma iguaria predileta, não salta desesperada para as bandejas enquanto ainda não finalizou a primeira porção. Eu sou uma partida de squash, ela é um jogo de golfe.

A lentidão vem porque ela é filha única. Não tem medo de faltar comida. Eu vivia sob o receio da panela vazia a qualquer momento. Não restaria esperança imediata de forrar o bucho, conquistaria uma nova chance somente no jantar.

Quem é filho único é adepto do *slow food*. Mastiga com calma, reverencia a fumaça do alimento, conversa alegremente, usa os talheres com elegância. Quem é filho único jamais dirá que comeu demais ou comeu de menos.

FIQUE ATÉ O FIM

A minha teimosia ajuda a esperança.

Não imagino de onde tiro tanta força de vontade, mas não me entrego mesmo quando nada está a meu favor. Vou comendo o desespero pelas beiradas até a dor esfriar. Não maldigo o escuro, ele evidencia a lua e as estrelas.

Não gosto de trapacear a vida. Não estrago a minha resistência com drogas ou bebidas, não quero que nenhuma substância receba o mérito da minha alegria.

Sou incansável mesmo. Louco de sóbrio. Quando algo é impossível eu cultivo cada passo, caminho até ficar perto dos limites. Depois de me aproximar dos limites, disfarço, finjo que não é comigo e ultrapasso as marcas.

Desobedeço ao tempo pois vivo dentro das palavras.

Já era assim desde menino. Quando jogava bola na rua e quebrava a vidraça do vizinho, não corria para me esconder como os meus colegas de bairro. Permanecia ali observando o estrago e ainda imaginando um jeito de recuperar a bola. Eu me enchia de coragem, apertava a campainha da vítima de nossa malandragem, explicava o que tinha acontecido ao dono furioso, justificava o chute sem querer e a ausência de talento da mira, jurava que consertaríamos a janela e recebia a bola de volta. A educação sempre foi a mãe de meus gestos, para o bem e para o mal, para os desastres e acertos.

Vergonha é não pedir desculpa. Quem nunca se desculpou não saiu do lugar, preso à soberba de jamais se achar errado.

Quando erro não fujo. A decência é ficar. A maturidade é ficar e arcar com as consequências. Os problemas não apagam a fé de solucioná-los. Se não sei o que fazer, durmo — o dia seguinte retira a ansiedade e a repetição das ideias.

Minha teimosia não é orgulho. Orgulho é imutável e jamais se dobra; a minha persistência é superar o que já fui e admitir os tropeços como forma de conhecer melhor onde piso.

MÃE NO CINEMA

Todos os filmes que minha mãe assiste eu não vejo mais. O complicador é que ela é cinéfila, frequenta o cinema três vezes por semana. Não sobram muitas alternativas do que está em cartaz.

Não tem graça. Minha mãe é o *spoiler* em pessoa. Não se restringe a evidenciar a sinopse do filme, sempre conta o final. Sua recomendação é um atestado de óbito cinematográfico. Transforma o roteiro em fofoca. Já estabelece a dica categorizando de que "não posso perder o filme porque a última cena é antológica".

Preciso evitar conversar com ela no final de semana. O telefone toca na sexta e não atendo. Óbvio que vai expor o conteúdo dos lançamentos. Levanto o gancho de novo somente na segunda-feira.

Não é excesso de cautela. Ela entregou *Os outros*, *O sexto sentido* e *O segredo dos seus olhos* — assassinou essas obras de modo imperdoável.

Tampouco posso convidá-la a me acompanhar nas sessões, o que seria uma saída honrosa para não arcar com a sua prodigiosa antecipação. Não há como conviver, pois ela conversa descaradamente durante os filmes. Mas não é um sussurro no ouvido, não é um cochicho discreto: conversa alto, descreve o que pode acontecer, expressa verbalmente as suas reações. "Olha que lindo!" "Não acredito que foi ele que matou." "Era o que faltava!"

É uma narração de futebol ao vivo, mais estridente do que o saco de pipoca ou o canudo do refrigerante. Perfura o silêncio da sala escura como se estivesse de papo em casa vendo televisão.

Acredita que é uma transmissão ao vivo. Deve sofrer daquele caso grave de responder ao boa-noite dos apresentadores do *Jornal Nacional*.

Além disso, ela aplaude o filme ou vaia, dependendo da cotação passional. Já a observei de pé sozinha numa sala lotada gritando "Bravo!". Procurei me dobrar com o assento da poltrona. Ela jura que o diretor e os atores estão presentes naquele momento para testemunhar sua comoção.

Desisti de explicar que revelar o fim frustra as expectativas, condiciona o meu olhar e que não é um gesto educado. Ela rebate que é implicância da minha parte e que não faz diferença saber antes ou depois, que dá no mesmo.

Mãe a gente não muda, só se acostuma.

FRANCESCA

Não quero vê-la sofrendo, minha irmãzinha. Eu assumiria o seu lugar e me colocaria como escudo de suas dores, espuma de sua raiva. Mas não há como: a dor é uma ilha rodeada pelo oceano de lembranças absolutamente pessoais.

Não acharei conselho para afastar os maus pressentimentos e a sensação de ter vivido à toa. A separação é cruel de qualquer jeito, para os fortes e fracos, para os corajosos e covardes, é fazer nascer a própria velhice, tolerar a perspectiva assustadora de ficar sozinha e envelhecer sozinha, sem ajuda de parteira. É esvaziar a casa para descobrir o que ainda é seu. É colocar para fora do ventre alguém que já é grande demais para o nosso corpo. Leva tempo, só não quero que leve o seu riso ingênuo e a sua vontade de amar de novo.

Que não morra no parto da separação. Muitos ficam viúvos dos filhos que não tiveram, dos sonhos que não cumpriram, das viagens que não decolaram.

Não sei como convencê-la de que você é belíssima. Não existe colo que restaure a vaidade. Não enxerga o seu brilho porque se acostumou a se enxergar pelos olhos de quem foi embora e apenas mantém à frente uma imagem distorcida de sua estatura, impregnada de carência, pequeneza e orgulho ferido.

O que posso dizer é: amarre a sua sapatilha, que enfrentará o seu mais complicado salto: saltar sobre si.

Você é uma bailarina acostumada a torcer o calcanhar pela obediência acrobática do voo. Quantas vezes quebrou o pé e seguiu dançando mesmo assim? Voar é segurar o corpo com as mãos. Não pense no sofrimento, pense em terminar os movimentos: *tendu, jeté, rond de jambé, grand battement*...

Um de cada vez, esqueça a ferida, siga a elasticidade do gesto, complete a coreografia, este quebra-cabeça feito de pesada leveza. Às vezes não dá para andar, mas dá para dançar. É dançando que não doemos.

Não contará com a parceria para o *pas de deux*, apoie-se em sua respiração, nos seus projetos, não deixe os dias livres e vazios para esperar uma reconciliação que não virá, senão vai cair, crie o seu apoio. Será agora o passo de um. Terá que flutuar no palco com o terceiro pé da persistência. Espante as dúvidas e incertezas, não é momento de vacilar, um espetáculo a aguarda, permita o que aprendeu nas barras vir à tona, o músculo é o nosso melhor conselheiro, atenda aos pedidos do corpo que não cansa de levantar toda manhã apesar dos pesares.

Estarei no fundo do público, naquela cadeira que reservou para mim, com os dedos estirados em sua direção, prontos a disparar aplausos. Você não cai, minha bailarina, você muda o chão com os seus passos.

NÃO É NÃO

Ela pode ter sido prostituta, ela pode ter sido usuária de drogas, ela pode ter se relacionado com quantos homens quisesse ao mesmo tempo, ela pode ter feito apologia de armas em sua página pessoal, pode ter dançado funk até cansar, pode ter saído de minissaia e sem sutiã, pode ter se encontrado de madrugada, pode ter fantasias eróticas de violência, pode ter se calado de vergonha, nada justifica o estupro, nada justifica ter sido contrariada, ter sido coagida, ter sido barbarizada, ter sido filmada.

A mulher não é culpada por ser mulher, não tem que se esconder ou disfarçar que é mulher, não tem que se preservar e ser recatada para não chamar atenção.

Se um homem tivesse sido estuprado ninguém duvidaria de seu sofrimento. Ninguém colocaria em dúvida o seu depoimento. Ninguém insinuaria que ele facilitou o desenlace. Ninguém descontaria sua dor por suas experiências anteriores.

Jamais a vítima será culpada. Os seus antecedentes não diminuem o crime. Os seus gostos culturais não atenuam a monstruosidade.

Ela tem o direito de definir quando quer ou não quer, quando deseja ir embora ou quando pretende ficar. Não é não, não não é charme, não é que ela está se fazendo de difícil, não é que ela está seduzindo e ganhando tempo. Não é não. Ir para um lugar perigoso não significa assumir riscos. Vamos parar de hipocrisia.

O machismo é explicar o que não tem explicação.

SOU UM HOMEM DE RÁDIO

Eu me arrepio quando vou ao estádio e vejo alguém com radinho de pilha grudado na orelha. Nenhuma tecnologia, nenhum fone, nenhum wi-fi do celular, com o radinho mesmo, do tamanho de um tijolo, carregado até a cabeça.

Lembro do meu pai.

O meu pai com o seu velho rádio ajeitando a antena de um lado para outro, mexendo no dial com a precisão de um cofre. Ele levantava um haltere permanentemente com seu braço esquerdo. Não praguejava o incômodo. Colocava o volume ao máximo, feliz com seu aparelho de estimação, aquele que, acreditava, se esquecesse em casa, seu time perderia o jogo.

Havia sempre uma arte de estar em dois lugares ao mesmo tempo, sintonizado na narração e também atento aos sons de ebulição do estádio. Um fanático de um clube que não se isolava em si mesmo, não se fechava na cabine tecnológica, capaz de entoar os cânticos da torcida e colher as informações com os comentaristas quando não enxergava direito o que aconteceu num lance.

Da mesma forma, apesar dos aplicativos que me facilitam escutar qualquer música sem interrupção, prefiro as estações do rádio. Sou ligado ao improviso, à possibilidade de ser surpreendido por uma canção inesperada, algo que não sei ou não tinha noção. Fico no carro ou na residência navegando em minha estação predileta, deixando o coração suspenso pelos próximos acordes.

Não recrimino os comerciais, não censuro os boletins noticiosos, aguardo que venha uma melodia do acaso, potente o suficiente para me despertar lembranças longínquas e me inspirar a cantar em voz alta refrães que não suspeitava recordar. É a adrenalina de reaver a memória amorosa por trás das camadas das idades. Recupero uma reunião dançante, a trilha de uma viagem, um hábito de infância. Exercito um descontrole generoso da vida. Penso que aquela música aparecendo do nada é um sinal de que devo telefonar para um amigo esquecido. A rádio é o interurbano que recebo diretamente do destino.

Hoje existe um controle excessivo dos ouvidos. Ouvir tudo o que se quer é surdez.

A rádio quebra as obsessões e me abre para a diversidade. Trata-se de um lançamento de um ritmo que nunca descobriria em meus filtros, de uma cantora que jamais tomaria conhecimento, de uma banda que passaria despercebida entre as modinhas.

O que quero mesmo é ser incomodado pelas emoções, ser levado para um destino espiritual que estava dentro de mim e é absolutamente desconhecido para o meu GPS.

VAMOS RIR DISSO TUDO

Não há frase tranquilizante depois de uma separação. Os amigos tentando ajudar costumam infeccionar as feridas. Desejam livrar você do sofrimento o quanto antes e não respeitam o luto demorado e gradual.

Procuram despertar sua vontade para sair e conhecer novas pessoas enquanto o que anseia é desaparecer e se esconder dentro do passado.

Dizer para o dolorido que a perda recente "vai passar!" não costuma funcionar. É subestimar a importância do pertencimento e da entrega. "Vai passar" é desprestigiar as pontadas da saudade. O enlutado quer lutar contra o esquecimento e você insiste em apressá-lo a mudar de assunto.

Da mesma forma, é nada aconselhável decretar que ele ou ela "encontrará alguém melhor". Ninguém acredita na esperança quando sua fé acabou de ser assassinada.

O separado não aceitará a profecia, entenderá como maldição, já que experimenta um asco de amar, um nojo de amar. Sua reação será de absoluto descrédito, com a intenção irritada de jamais namorar de novo.

Tampouco deboche advertindo que "escapou de uma fria". O descornado não tem como julgar coisa alguma; voltaria na primeira oportunidade. Está se vendo como um enterrado vivo na lápide de um romance — fria é a sua pedra de solidão, fria é a sua cruz bordada com os nós da garganta.

A melhor consolação é "ainda vamos rir disso tudo". No plural, avisando que permanecerá junto no futuro, que não largará a amizade à míngua dos acontecimentos.

É projetar a alegria no tempo de trevas, é antecipar a cumplicidade que surgirá com o amansamento das mágoas. O riso dói, o riso é cedo, mas prepara a serenidade do rosto.

Graças aos amigos, a tragédia amorosa pode vir a ser a nossa grande piada.

ACHADO NÃO É ROUBADO

Não ganhava mesada, nem ajuda de custo na infância. Eu me virava como dava. Recebia casa, comida e roupa lavada e não havia como miar, latir e reivindicar mais nada aos pais, só agradecer.

Minhas fontes de renda eram praticamente duas: procurar dinheiro nas bolsas vazias da mãe, torcendo para que deixasse alguma nota na pressa da troca dos acessórios, ou catar moedas nas ruas e nos bueiros.

A modalidade de caça ao dinheiro perdido exigia disciplina e profissionalismo. Saía de casa por volta de uma da tarde e caminhava por duas horas, com a cabeça apontada ao meio-fio como pedra em estilingue. Varria a poeira com os pés e cortava o mato com canivete. Fui voluntário remoto do Departamento Municipal de Limpeza Urbana.

Gastava o meu Kichute em vinte quadras, do bairro Petrópolis ao centro. Voltava quando atingia a entrada do viaduto da Conceição e reiniciava a minha arqueologia monetária no outro lado da rua.

Levava um saquinho para colher as moedas. Cada tarde rendia o equivalente a três reais. Encontrar correntinhas, colares e broches salvava o dia. Poderia revender no mercado paralelo da escola. As meninas pagavam em jujubas, bolo inglês e guaraná.

Já o bueiro me socializava. Convidava com frequência o Liquinho, vulgo Ricardo. Mais forte do que eu, ajudava a levantar a pesada e lacrada tampa de metal. Eu ficava com a responsabilidade de descer às profundezas do lodo. Tirava toda a roupa — a mãe não perdoaria o petróleo do esgoto — e pulava de cueca, apalpando às cegas o fundo com as mãos. Esquecia a nojeira imaginando as recompensas. Repartia os lucros com os colegas que me acompanhavam nas expedições ao submundo de Porto Alegre. Lembro que compramos uma bola de futebol com a arrecadação de duas semanas.

É espantoso o número de itens perdidos. Assim como os professores paravam no meu colégio, acreditava na greve dos objetos: moedas e anéis rolavam e cédulas voavam dos bolsos para protestar por melhores condições.

Sofria para me manter estável, pois nunca pedia dinheiro a ninguém. Desde cedo, descobri que vadiar é também trabalhar duro.

CASA DA SOGRA

A operadora telefônica não parava de ligar.

O telefone vivia ocupado. Milagrosamente, entre uma conversa e outra, a sogra colocou rapidamente o fone no gancho e, sem nenhum trinado, no mais completo silêncio, escutou uma voz do além, um timbre plangente do outro lado:

— Alô, alô, senhora Clara, senhora Clara? Não desligue. Pode falar agora?

— Pronto! Sim, sou eu. Posso falar. Quem é?

— É da operadora da sua linha. A conversa será gravada. O número do protocolo é 458438. Gostaria que repetisse?

— Não. O que deseja?

— Mudar o plano da senhora.

— Mas o plano é ótimo: ilimitado. Não preciso mudar.

— Mas, senhora, é um plano antigo.

— Estou satisfeita, muito obrigada, não pretendo mudar nada.

— Senhora Clara?

— Sim!

AMIZADE É TAMBÉM AMOR | 171

— A senhora não entendeu, nós desejamos mudar. A operadora deseja mudar. A senhora usou 9 mil minutos no último mês no aparelho fixo.

— Tudo isso? Então estou aproveitando.

— Sim, só que está nos trazendo prejuízo.

— Que horror se dirigir assim a uma cliente.

— Senhora, não desligue, por favor, raciocine comigo: a senhora usou 9 mil minutos de 44 mil. É um recorde, não tem precedente.

— Nem falo muito, as minhas amigas é que me telefonam na maioria das vezes.

— Não, senhora, com todo o respeito, um comitê de trinta teleoperadores foi escalado numa operação chamada de "Fidel Castro" para lhe ligar ao mesmo tempo porque ninguém conseguia a linha desocupada. A força-tarefa durou 20 dias, das oito da manhã às dez da noite, sem cessar...

— Pois é, será que a linha estava com algum problema?

— Não, minha senhora, o problema é a senhora, a senhora é o nosso problema.

— Não pode falar comigo desse jeito. E não gostava de Fidel Castro, era um ditador. Por que logo Fidel Castro?

— Os discursos dele eram intermináveis, senhora.

— Preciso desligar, alguém pode estar querendo falar comigo.

— Senhora Clara, tenha compaixão da operadora. Você fica quase cinco horas em média por dia no telefone. Não há nenhum parâmetro igual no mercado. Oferecemos um celular grátis em troca, qualquer aparelho, que pode ser retirado em nossas lojas.

— Não gosto também de celular. Prefiro a privacidade doméstica.

— Senhora, o que podemos propor para demovê-la do plano? Está excessivamente oneroso.

— Uai, meu plano não é ilimitado?

— Estou buscando explicar que até o que é ilimitado tem limites.

— Passe bem, tenho mais coisas a resolver do que perder o meu tempo no telefone.

O INCÊNDIO

Minha mãe viveu a infância num hotel, onde a cozinha recebia uma avalanche de estrangeiros que passavam por Guaporé (RS) na metade do século passado. Seu pai era italiano, com estada na Argentina e no Uruguai. Ou seja, falava uma mistura de esperanto e portunhol.

A menina só podia ser babélica convivendo com o entra e sai dos hóspedes. O português servia mais para atender às gírias e ofensas.

Sua primeira redação causou estranheza na sala de aula, no Colégio Scalabrini. Ela deve ter escrito em quatro idiomas e alguns outros desconhecidos, ao apanhar as palavras pelo som e não se fixar à grafia.

Baixou o espírito santo do hotel dos Carpi em sua letra mirrada. Criou uma história sobre um incêndio no campo, em que os bois mugiam e as ovelhas baliam e ninguém entendia o pedido de socorro. Mostrava a incomunicabilidade entre os homens e os animais. Desde cedo, preconizava um talento poético para os ruídos do mundo.

Severa e metódica, a professora não acolheu bem a profusão de idiomas, não a compreendeu como uma experiência *joyceana* de linguagem, e considerou o texto apenas uma prova de dislexia.

Anotou todos os erros de cima a baixo de caneta vermelha. A lauda a lápis foi tomada de garatujas e xis. Dava pena de conferir — não sobrou espaço entre as linhas tamanha a intervenção. A felicidade involuntária da infância estava sendo assassinada pela alfabetização.

Quando foi receber o trabalho, Mariazinha olhou de cima a baixo as correções, desprezou a insuficiência gritante e apenas comentou, satisfeita, para a professora:

— Compreendeu o meu texto!

A professora arregalou os olhos:

— Como? Não viu que a tarefa ganhou um zero?

— A senhora contribuiu pintando com a caneta vermelha e estendendo as chamas.

NOSTALGIA DA CAPITAL

Não existe mais a nostalgia da capital como antes. Com a web e a globalização, as cidades do interior não ficam atrás em serviços.

Mas houve um tempo em que Porto Alegre era longe demais, grande demais, cara demais, inacessível para os nossos colonos e peões. Filhos vinham das fronteiras e das colônias estudar na capital e mandavam cartas para os seus pais contando das modernidades como escada rolante e elevador panorâmico. Os velhos reagiam com incredulidade diante dos avanços tecnológicos, pediam explicações do funcionamento para depois jurar que nunca pisariam nessas geringonças.

O engraçado era o vaivém familiar. Quando os pais decidiam fiscalizar onde o filho morava e como vivia e avisavam de supetão que haviam comprado passagens de ônibus e que chegariam sábado. Criava-se um pânico, evidentemente que o jovem exagerava o seu bem-estar. Precisava maquiar a realidade imediatamente. Morava numa pensão no centro com outros dois colegas maconheiros, com visitas frequentes da namorada tatuada, num cortiço caindo aos pedaços e sem estrutura nenhuma. O papel higiênico acabava e era questão de sorte no banheiro coletivo. Não parecia com a "casa de família ordeira e de horários rígidos" descrita na correspondência. Tinha que aproveitar algumas horas da véspera das aulas da universidade para impor uma faxina, esconder os cigarros e os cascos de cerveja.

Que medo da incerta dos pais. Se não agradasse a família, corria o risco de perder a mesada e ser obrigado a trabalhar na lavoura. Expiraria o sonho de estudar e de levar o final de semana na completa gandaia.

A visita significava uma punição pela ausência de viagens à terra natal. Filho que demorava mais de três meses para aparecer levava o tranco da vistoria. O melhor sempre consistia em se prevenir e surgir na residência interiorana antes do pior. Assinar a lista de chamada no café da manhã uma vez por mês.

Constrangedor ficava sendo abrir a mochila no ônibus, de volta à capital, para ver o que estava fedendo e descobrir salame, queijo, goiabada, geleia e pão embrulhados em papel de jornal. Uma verdadeira cesta colonial que os pais traficavam nos pertences dos filhos para que ele jamais passasse fome.

A vergonha é uma espécie estranha de saudade.

BLUE JEANS

Abandonei a infância quando ganhei minha primeira calça jeans. Era uma nova forma de enxergar o corpo — juro que a impressão é que me devolveram a pele. Modelava as pernas, fazia volume, não ficava exposto e nu como no abrigo.

O abrigo era uma violência emocional. Um detector de desejos.

Pois bastava ficar levemente excitado que precisava disfarçar o erotismo com pensamentos tristes. Todos poderiam descobrir as minhas vontades e lampejos. A transparência incomodava, a vulnerabilidade atrapalhava, afora as manchas seguidas dos lanches e a impossível coerência com a cor do tênis.

Para mim, o abrigo lembrava apenas um pijama de sol. Ou um avental gigante. Não dava para combinar com nada. Vinha pronto, dependendo da sobrevida do elástico. Não havia o cinto para confirmar a masculinidade e desenvolver o crescimento da cintura pelo número de furos.

Vestia um saco para acordar, assim como o pijama representava um saco para dormir. Quase como uma mochila de pano, com a diferença de que ela me carregava.

A facilidade de tirar me atordoava, ainda mais sendo tímido. Não inspirava confiança. Qualquer trapaceiro na escola desfrutava da artimanha de baixar a minha calça de surpresa para me mostrar de cueca à turma.

A rotina tampouco não provocava reviravoltas no dia. Não restava a chance de me fantasiar de outro e melhorar o humor trocando de figurino.

Usava uniforme escolar de manhã e depois, de tarde, aqueles abrigos monocromáticos: verde, vermelho, azul. Vivia sob a ditadura do conjuntinho básico.

O jeans criou o meu guarda-roupa, as possibilidades, as misturas, a indecisão do que colocar, o olhar mais demorado no espelho, o enamoramento do tempo. Quando troquei as gavetas pelos cabides, quando desafiei o certo pelo duvidoso.

O jeans desencadeou a vontade de comprar as próprias roupas, despertou a ambição de ter uma personalidade e assumir uma tribo, de me diferenciar dos meus pais e me assemelhar aos amigos nas festas. O jeans foi a minha identidade, para me perder de mim definitivamente.

O NOSSO NADA

Você que vive reclamando de que não há nunca nada na geladeira é só receber a visita de um chef que ele contestaria a falta de ingredientes e prepararia um prato daquilo que nem sonhava ter. Inventaria um banquete com o que desprezava e chamava de resto.

Você que vive reclamando de que não tem roupa suficiente é só receber a visita de um estilista que ele ensinaria a misturar peças antigas com novos acessórios e encontraria uma loja absolutamente pessoal entre seus cabides.

Você que vive reclamando de que não tem tempo é só receber a visita de uma amiga com quatro filhos, trabalho, casamento e cachorros que entraria em contradição.

Se o seu filho pequeno vive reclamando do tédio e da ausência de brinquedos é só ganhar a companhia de um coleguinha para redescobrir no quarto o deslumbramento de parque de diversão.

Você que vive reclamando das dívidas do cartão de crédito é só conversar um pouco com a faxineira e perceber que ela, com muito menos, adquiriu residência própria e mantém uma longa poupança.

Você que vive reclamando de que não tem paz e não tem sorte é que não olhou bem para dentro de si e vem desdenhando da simplicidade.

Você que lamenta que não encontra ninguém para amar é só ver um ex feliz que sofre ímpetos de reconciliação. É perder um amor para valorizá-lo, é perder um emprego para sentir saudade da rotina.

Existe o hábito de procurar enriquecer quando o ideal seria enobrecer o que já possuímos.

É um erro avaliar a vida pela ambição. A ambição não cessa, não cansa, não se acomoda. Jamais estaremos satisfeitos, jamais atingiremos os nossos objetivos. Estar melhor de condições não é ser melhor nem fazer o melhor. Quem comprou um carro usado vai querer um carro zero que vai querer um carro maior e mais potente que vai querer uma Ferrari. A lamúria será uma fonte perigosa de inveja. Cobiçaremos o posto de quem está com o cargo acima do nosso. Ficaremos com ciúme de um amigo em lua de mel na Europa ou de um amigo solteiro enlouquecendo em festas.

Não mergulhamos em nossa casa com a curiosidade de um hóspede, não mexemos em nossos objetos com o espanto de colecionador, não observamos a decoração com a surpresa de um estranho.

As portas dos armários e as portas da despensa são cofres onde ocultamos (não guardamos) o que conseguimos, e esquecemos de conferir na ânsia de acumular novidades.

O nosso nada pode ser tudo para o outro. O nosso nada pode esconder a felicidade.

PARAFUSO

Em casa temos uma expressão de uso corrente: "Chega de falar de parafuso!" A frase é sempre empregada quando alguém empaca em um assunto ou quando a discussão não tem saída. É tentar convencer a minha mãe de algo, ou a minha mãe tentar me convencer de algo, por exemplo. A conversa nunca evolui. Um olha para o outro, sem esperança, e resmunga:

— Chega de falar de parafuso!

A origem da frase vem da minha infância. Quando tinha 3 anos e o Rodrigo, 5, ele sofria por mim porque todos os tios diziam que eu tinha um parafuso a menos. Eu caía ao correr, batia a cabeça com frequência, era absolutamente desajeitado. Não havia me recuperado do susto de nascer — e as pessoas tampouco do susto de me ver.

Rodrigo, conhecido como "Igo sabe tudo", criou um plano de recuperação de metas. Retirou um parafuso da caçamba de seu caminhão azul e me deu para engolir com um copo de água. Imitou o gesto banal dos adultos da oferta de uma aspirina para enxaqueca.

Longe de contrariar a sabedoria do mais velho, obedientemente engoli, mas com esforço, precisei de um litro d'água.

Foi um deus nos acuda quando ele explicou para a família que agora não me faltava nenhum parafuso.

— Fabrício funcionando perfeitamente! — constatou.

Desesperada, a mãe se debruçou na enciclopédia *A vida do bebê*, de Rinaldo de Lamare, e preparou o pior e mais espesso mingau da minha vida. Seguiram 24 horas de tensão até que demonstrasse sinais de dor de barriga.

Trancado no quarto, alheio ao tumulto, Rodrigo estava bravo. Choramingava, bufava, no misto confuso de sentimentos, entre a culpa e a incompreensão, pois ninguém alcançou o heroísmo de sua ideia. Durante duas semanas, só abria a boca para gritar:

— Chega de falar de parafuso!

RIVOTRIL OU RITALINA

Difícil não é amar, mas acertar o tempo do outro. O amor é hoje um problema de fuso, entre quem tem paciência e quem tem pressa, entre os calmos e os ansiosos, entre os adeptos do Rivotril e os fanáticos da Ritalina. As pessoas se separam basicamente porque andam em ritmos diferentes.

O tempo virou um juiz do divórcio. Mesmo com o sentimento correspondido, se o par não divide um momento similar, a relação tende a se diluir em frustrações e cobranças. São vários desencontros circunstanciais dentro de um encontro: é o homem que saiu de um longo casamento e não pensa em compromisso duradouro se juntando à mulher que se curou de antigos afetos e pretende firmar namoro sério; é a jovem que começa sua vida profissional se relacionando com o sujeito que experimenta o apogeu; é um ferrenho defensor das viagens se unindo com uma alma caseira, disposta a se aquietar em casa.

A pressão pelo sucesso individual restringe a partilha emocional. A vida está pronta e definida antes mesmo de se conhecer alguém — o romance é apenas um encaixe secundário.

O amor não é mais a prioridade, o seu lugar soberano fora tomado pelo tempo.

Não se atinge a mão livre da intimidade nesta queda de braço de interesses. Há aquela que deseja um filho com aquele que já está com os filhos crescidos; é aquele que não teve fase de solteiro com aquela que cansou das festas. Ambos temem se podar e preservam uma margem segura de distanciamento para não se envolverem de verdade. Não conhecem na prática atributos caros para a longevidade a dois como doação e renúncia. Ninguém quer ceder, pois ceder é compreendido como falta de personalidade. Ninguém tampouco pode adiar as vontades ou equacioná-las num prazo maior. É um bloqueio de fundo ideológico, sob alegação de não admitir imposições.

A sincronia de desejos acaba sendo o maior desafio da convivência. O obstáculo vem representado na diferença de idade e de sonhos.

Para um casal vingar, além do amor, os objetivos devem correr na mesma direção. Não há compaixão aos pretendentes que se arriscam na contramão.

A MATEMÁTICA DO AMOR

Por mais que se perca a razão no amor, o sentimento guarda uma matemática secreta.

Há uma equação escondida debaixo das tormentas do relacionamento. Ninguém levanta alicerces para o edifício das palavras e das juras a dois sem recorrer à trigonometria. Dentro da poesia aparentemente passional, caótica e temperamental da coreografia emocional, é possível localizar a precisão da engenharia e a sustentabilidade da arquitetura.

Na separação, eu realizo um cálculo objetivo que costuma funcionar. A felicidade sempre tem que pagar comissão para a dor. Não é uma taxa opcional — todos serão obrigados a participar.

É um coeficiente mínimo de esforço e sacrifício que cada um vai arcar para se desapegar do ex ou da ex. O separado precisa experimentar um isolamento e expiação proporcional ao tempo da relação. Se você viveu vinte anos com alguém, atravessará dois anos de luto. Se viveu dois anos e meio com alguém, serão três meses de luto. Se viveu dois meses com alguém, a conta de angústia fica em seis dias. Depois da alegria do banquete, cabe separar dez por cento da duração da união para o sofrimento. A saúde de um novo romance depende dessa estranha contabilidade. Encurtar ou alargar o período prejudicará o andamento das suas convicções — ou desistirá do romantismo ou emendará lastros com pessoas erradas e inoportunas.

O mundo adulto é feito de tributações. Onde predominou esperança restará um dízimo de frustração a quitar; onde reinou a ilusão sobrará o pedágio de desapontamento a superar; onde vigorou confiança aparecerão pendências para serem solucionadas. A fórmula da felicidade inclui tristeza e solidão com a ruptura. Depois de ser dois, voltar a ser um requer recuperar a metade doada.

O sofrimento é um garçom implacável de gravata-borboleta. Não achará forma de enganá-lo e fugir da dívida. Com o término do prazer e da idealização, ele estará diante de você com a caderneta preta da fatura na mão direita e a maquininha na mão esquerda:

— Crédito ou débito?

Melhor escolher o débito logo. Adiar o pagamento só aumentará os juros do recalque.

Mas há aquele que trai a objetividade e se separa dentro da relação. Parcela o fim em 24 vezes, a cada briga e discussão, e quando sai porta afora já não deve mais nada.

ANIVERSÁRIO DA AMIZADE

Comemoramos aniversários de namoro e de casamento e jamais lembramos os marcos das amizades.

A amizade repousa num tempo indefinido e vago, sem festa, sem torta e sem parabéns. É uma omissão injusta. Favorecemos as amarras do romance e descuramos dos laços da fraternidade.

Ninguém festeja a data que se conheceu um amigo muito especial. Eu percebi a lacuna quando Eduardo Nasi, meu comparsa gaúcho radicado em São Paulo, lembrou-me de que 15 de agosto completávamos 20 anos de amizade. Eu ri e logo suspirei:

— Já foram duas décadas, hein? Meu Deus, como passou rápido!

— Pois é, a gente se conheceu porque gostávamos de poesia e nunca deixamos de nos falar mesmo quando morávamos em cidades diferentes — respondeu ele.

Combinamos de jantar neste dia para vibrar com as bodas de porcelana da amizade. Um encontro bem bagual e heterossexual: beber até passar mal, quem cair primeiro pagará a conta. Um preço justo para a cara partilha de confidências, pois atravessamos lado a lado as crises dos 20, dos 30 e dos 40.

Amigo é algo tão sério que deveríamos pedir o ombro do sujeito para os seus pais. Se pedimos a mão da mulher em casamento, o ideal é solicitar o encosto leal e fiel de nosso amigo com a mesma solenidade e tensão, olhando nos olhos dos progenitores e prometendo sinceridade e cuidado pela vida afora. Afinal, o ombro dele será nossa fortaleza nas tristezas e nas separações, nos tropeços e nas fraquezas, na saúde e na doença, até que a morte nos separe. Ele não é uma casualidade ou um golpe de sorte ou um resultado das circunstâncias. Amigo é destino, amigo é vocação, amigo é amor de anjo, amigo é inocência de intenção. Longe de um amigo, não há casamento que resista e profissão que se sustente.

Antes de conhecer a mãe do outro, somos apenas conhecidos. Temos que frequentar a casa e a família, percorrer enterros e nascimentos, suportar a intimidade das contradições e oferecer conselhos com uma visão privilegiada de conjunto, antevendo de onde veio e quais são os seus problemas e lapsos de infância.

Pelo jeito, eu e Eduardo chegaremos nas bodas de ouro. Faltam ainda trinta anos, mas não tivemos nenhuma discussão de relacionamento ao longo de nossa cumplicidade.

VOU TENTAR

"Vou tentar ser fiel.

Vou tentar não mentir.

Vou tentar melhorar.

Vou tentar mudar.

Vou tentar me entregar à relação.

Vou tentar não me omitir.

Vou tentar cumprir os prazos.

Vou tentar não ser ansioso.

Vou tentar não pressionar os filhos.

Vou tentar obedecer às leis.

Vou tentar não me indispor no trabalho.

Vou tentar vencer.

Vou tentar perdoar.

Vou tentar não reeditar os erros do passado.

Vou tentar atingir as metas.

Vou tentar assumir os meus compromissos.

Vou tentar parar de fumar.

Vou tentar parar de beber.

Vou tentar parar de incomodar.

Vou tentar parar de gritar.

Vou tentar parar de correr.

Vou tentar não discutir.

Vou tentar não brigar.

Vou tentar não ofender.

Vou tentar não magoar.

Vou tentar reclamar menos.

Vou tentar respeitar os meus limites.

Vou tentar não decepcionar.

Vou tentar dedicar mais tempo à família.

Vou tentar me organizar.

Vou tentar arrumar o armário.

Vou tentar ser feliz.

Vou tentar cuidar dos meus pais.

Vou tentar ser mais amoroso.

Vou tentar não cancelar encontros.

Vou tentar não me atrasar.

Vou tentar juntar dinheiro.

Vou tentar não gastar demais no cartão.

Vou tentar não desmarcar a terapia.

Vou tentar revisar a saúde.

Vou tentar estudar para concurso.

Vou tentar me concentrar.

Vou tentar voltar para academia.

Vou tentar telefonar para os amigos.

Vou tentar não me estender de noite.

Vou tentar acordar cedo.

Vou tentar emagrecer.

Vou tentar retornar com as caminhadas.

Vou tentar. Juro que vou tentar."

Mas tentar são as aspas da preguiça. Tentar é faltar com a verdade.

Tentar é um falso começo.

Tentar é justificar o fim com o esforço.

Tentar é falar pelas expectativas do outro.

Tentar é fingir que é uma promessa quando é apenas uma confissão de culpa.

Tentar é deixar a vida passar.

Tentar é repetir os medos.

Tentar não é esperança, e sim uma ilusão para ganhar tempo e continuar do mesmo jeito.

Tentar é se desculpar por antecedência.

Tentar é um permanente adiamento.

Tentar é uma fantasia onipotente de criança, de quem não aceita o não.

Tentar é se ocupar com o que nunca será feito.

Tentar é não ajudar a si mesmo.

Tentar é evitar provisoriamente as cobranças.

Tentar é trocar as atitudes por lamentos.

Tentar é não dar o exemplo.

Tentar é não estar certo disso.

Tentar é não fazer.

Tentar é sempre fracassar.

A VIDA É UM BRINCO

Entrei no táxi e levei um susto quando identifiquei que o motorista era surdo-mudo. Não vou mentir: levei um susto. Com todo o preconceito que ainda havia guardado em mim.

Ele não me ouviu gritando da janela que já desceria, não lia os lábios, não escutou quando quis mudar a rota bruscamente, tampouco reconheceu as buzinadas dos carros. Fiquei, diante do seu silêncio curioso e ávido, absolutamente despreparado. Um bebê grande sem saber como me comportar.

Eu não esperava receber tal motorista, ninguém espera a diferença que quebra a rotina automática.

Assim como somente na manhã anterior percebi a importância de uma escada rolante quando a minha madrasta, com lesão na bacia, travou os seus passinhos na entrada de um shopping — a escada estava estragada e ela não tinha força nas pernas para subir ao primeiro andar de outro modo. Existe gente que simplesmente não pode subir se não há acesso especial e elevador, que encontrará um beco sem saída no lugar desejado, que se enxergará impotente e paralisado, em puro desespero por não ser igual à maioria.

Idoso ou portador de necessidades especiais ou cadeirante, desconheço o sofrimento de quem precisa de uma cidade diferente da minha, desconheço a dificuldade da simplicidade e o quanto tenho a obrigação de ser mais educado e atento. Grosseria é não ser humilde a ponto de sair do seu confortável ponto de vista.

No táxi, ele se mostrava um homem elegante da palavra escrita. Dependia da palavra no papel e na tela para trabalhar: meu gêmeo.

Pediu por favor que escrevesse o endereço em seu celular e seguiu rigorosamente a rota. Eu me envergonhei do que fiz na adolescência. Se fosse jovem, conversaria ofensas e gratuidades em tom alto porque ele não poderia me entender, debocharia de sua aparência inofensiva, colocaria a música no volume máximo com letras vulgares para me sentir superior, gargalharia a noite inteira de sua fragilidade, descreveria a situação engraçada para os meus amigos. Quantas vezes por dia ele enfrenta o constrangimento da sátira e a violência da piada? Eu representava mais uma tristeza do mesmo.

Antes de ser um homem, já fui um porco, uma hiena, um urubu. É muito complicado ser homem, ter a decência de um homem e não a inconsequência de um bicho. O que vejo de animais truculentos na rua rindo de quem tem uma carência.

Não trocamos nenhuma impressão durante a viagem inteira até que passamos pelo rio Guaíba, e a lua alaranjada boiava soberana nas águas escuras. Ele me olhou com ternura, um olhar de quem atravessa a longa avenida da minha indiferença. Apertou sua orelha direita para apontar a beleza da lua. Em retribuição, apertei com os dedos a minha orelha direita. Colocamos os dois naquela hora os brincos invisíveis da amizade. A vida é um brinco para quem escuta o coração.

O BRILHO GENEROSO DO AMOR

A avareza é o sinal evidente de quem não ama ou não é amado. O sujeito brigará por qualquer motivo, cobrará reconhecimento, contará os trocos, pressionará por afeto, julgará à toa, desconfiará das boas intenções. Será um azedume no serviço, um implicante em casa. Nunca tem tempo para ouvir ou para falar, estará sempre atrasado na carência. Como não é feliz, deseja tirar a felicidade de todos que se mantêm próximos. É um estraga-prazer, destrói rodinhas de piadas, inventa problemas para não se mostrar satisfeito.

Não há mistério. Gente contente sossega. A generosidade emerge em quem ama e é amado. A pessoa tocada pelo romance no casamento ou no namoro perdoa dívidas, releva maldades, anistia ressentimentos, compra presentes fora de hora, não está disposto a ter lucro. Deixa até de fazer grandes negócios, mas — em compensação — faz grandes amizades. Une a família, dá conselhos, confunde churrasco com filantropia.

A reciprocidade na relação realiza milagres. O chato torna-se simpático, o afetado torna-se amável, o ranzinza torna-se compreensível.

Não existe mais competição na vida a dois, não existe mais disputa e orgulho. O pôquer não é mais a dinheiro. O jogo da discussão não é destinado a um único vencedor. Como não acontecem reclamações domésticas, ambos têm espaço de sobra para oferecer aos outros. Atendem ao telefone, abrem o lar. Onde há admiração, há também humildade. Onde há partilha, há também confiança.

Na infelicidade mútua, as individualidades desaparecem — é um casal se anulando. A matemática vence a poesia: dois menos dois.

Na felicidade mútua, as identidades sobressaem — é um casal se completando. Formarão a soma lírica de três elementos: ele, ela e o amor.

A generosidade é o termômetro da felicidade. Ninguém emprestará um livro de olho na devolução no dia seguinte ou cederá um colo para dizer que somente ajuda e jamais é ajudado.

Estenderá o seu exemplo para as demais áreas do seu convívio. Aquele que é um bom marido ou namorado será consequentemente um melhor amigo, um melhor irmão, um melhor filho, um melhor colega de trabalho.

A BELEZA QUE PÕE A MESA

A beleza dura pouco. Dez minutos, um olhar, um aperto de mão, um beijo na face.

A beleza é provisória.

A beleza pode ser destruída rapidamente pela fala, pode ser desmanchada imediatamente por um gesto, pode ser derrubada velozmente por uma grosseria.

Se vejo uma mulher bonita, ela ainda não é bonita. Será bonita por aquilo que fizer. Ninguém é bonito por antecipação.

A aparência é efêmera e enganadora. A aparência tem pretensões de uma mentira. Igual à verdade, precisa de provas.

Mesmo que tenha o rosto formoso e simétrico, os lábios carnudos, as curvas do corpo na medida certa, nada assegura que seja bonita. É colocar cedilha no lugar errado, é ofender de graça, é cuspir ódio, que se torna feia.

Já vi mulher bonita muito feia. Já vi mulher feia se revelar essencialmente bonita.

A arrogância estraga a beleza. A humildade salva a beleza.

Saber-se linda e se achar feia são pretensões perigosas. Não enxergamos somente com a visão, mas com o olfato, o tato, o paladar e a audição.

Ser bonita para os olhos é raso. Quem canta, quem dança, quem conversa com as ideias encadeadas, quem explode uma primavera temporã em seus cabelos assume uma lindeza inédita e permanente.

A cordialidade, a esperança e a firmeza garantem a longevidade da atração.

Quando uma mulher linda se aproxima, espero pacientemente que ela se mostre. Não há pressa para descobrir. Será mesmo linda pela forma que segura o cálice, pela forma que cuida de quem está excluído, pela forma que procura manter ou acabar com o silêncio, pela forma que olha nos olhos e segura o mundo no queixo.

Não há nada mais bonito do que uma mulher com temperamento difícil. Aquela que briga por suas crenças é inesquecível. Não ser esquecido é o que cada um deseja secretamente para a sua vida, é a maior ambição do amor. Mulher que aceita tudo, sem alma nas palavras, por sua vez, é tão sem graça.

Não é a roupa que define o ângulo do arrebatamento, são a simplicidade e o despojamento. Estar confortável em si, demonstrar alegria de ser, rir com a língua mais do que com os dentes sustenta o charme.

A empatia é a beleza que fica. A beleza é um mero cumprimento.

TRABALHOS DE HÉRCULES

Sua aprovação pela família da namorada depende de um demorado estudo de caso. Você pode ser tolerado, mas contar com o apoio é negócio sério. Não é porque troca sorrisos, é chamado para o churrasco de domingo e recebe lembrança nas datas comemorativas que foi aceito. Não cante vitória antes do apito final. Os sogros são craques na arte de misturar cordialidade e fingimento.

O estágio probatório não decorre da quantidade de meses da convivência, é resultado de três experiências cruciais: aniversário, casamento de parente e velório de alguém próximo. Com exceção do primeiro, o mais fácil de se prever, o segundo e o terceiro virão de sortilégios e fatalidades do reduto familiar. É comum não atravessar a trilogia da aceitação, e assim namorados permanecem no limbo do estado civil e jamais são definitivamente aprovados ou negados.

Para ser levado a sério, necessita atravessar os rituais fundamentais da maturidade, caracterizados pela passagem do tempo, pela celebração do amor e pelo respeito ao fim e à morte. Só assim entenderá a gravidade de um compromisso.

Reagirá aos extremos dos encontros e das pessoas, onde tudo pode acontecer — tudo mesmo!, desde piadas de mau gosto, passando por provocações carentes, desembocando em escândalos inesquecíveis. A chance de escapar de um constrangimento é mínima. Descerá ao último círculo infernal do contato humano. Prepare-se para a chacota de primos, para indiscrições das tias, para a troca consecutiva de seu nome.

Não haverá melhor curso de noivo do que enfrentar a parentada alheia na alegria e na tristeza.

O aniversário de sua namorada representa um momento único de discrição, em que descobrirá se está preparado para desaparecer em nome da visibilidade completa da aniversariante. Demonstrará bondade ou descaso, dependendo do esforço. Há aqueles que realizam uma festa-surpresa, convocam os amigos e escolhem um presente que simbolize que a conhecem bem e outros chamam simplesmente uma tele--entrega e acreditam que pagar a comida já é o maior mimo.

No casamento, serão testados a sua educação e o seu auto-controle. Não deve beber demais ou comer excessivamente, muito menos estragar a reputação na pista de dança descendo até o chão. Evite puxar estranhas para coreografias e convidar vovós a números sensuais. Trata-se da prévia do seu futuro casamento, se é habilitado a suportar o calvário das declarações românticas sem recorrer ao cinismo e ao sarcasmo.

No enterro de um ente querido daquela que ama, terá que encontrar a elegância do terno e da alma escura. Provará o gosto amargo da saudade e das cenas engasgadas da despedida. Conhecerá também a insuficiência das palavras de apoio. Por mais que ofereça colo e conforto, jamais aplacará o sofrimento de sua companhia. Secará as lágrimas do rosto dela com a ponta dos dedos, cuidando para não borrar ainda mais sua maquiagem, consolará quem você nunca viu na vida, manterá a cabeça erguida e atenta aos gritos e uivos ao redor do caixão.

Se você sair ileso da tríade de situações-limite, pode retirar a certidão de nascimento na família da sua namorada.

OS DOIS LADOS DA INTIMIDADE

A intimidade facilita a comunicação quando estamos bem, mas dificulta quando estamos mal.

Há uma predisposição para revelar o que incomoda para quem não se conhece e a de não evidenciar as falhas para quem se ama.

Não foram poucas as vezes em que um completo estranho me contou o que fez de errado no relacionamento numa mesa de bar, segredos que jamais dividiu com o seu marido ou a sua esposa, a parte envolvida e interessada na questão. Para mim, que era de fora, não teve nenhum receio de expor humildemente os seus erros. Do nada, chorou garrafas de cerveja e abriu as portas de suas angústias. Já para quem valorizava, não se sentia pronto para falar: travava, balbuciava, gaguejava e, pressionado pela ânsia de ser julgado, trocava de assunto. Não conseguia formular o pensamento e pedir desculpas. Poderia ser uma bobagem, que se agravava com o tempo. Poderia ser uma pequena mentira, uma omissão, uma distorção, que aumentava de importância pelo constante adiamento.

AMIZADE É TAMBÉM AMOR | 203

Somos capazes de confidências com quem não mais veremos no dia seguinte, e incapazes de passar a limpo os problemas com quem acordamos ao lado.

Taxistas e garçons acabam sendo padres involuntários, confessionários sem penitência, condicionados a ouvir desabafos surpreendentes e a opinar sobre o destino amoroso de passageiros e fregueses em minutos. Escutam relatos de infidelidade e deslealdade que nunca foram ditos antes.

A fluência com estranhos acontece pela ausência de cobrança e de expectativa. A resistência com os íntimos vem do temor das consequências e da obrigação de mudar e pagar as dívidas sentimentais.

Com medo de perder quem se gosta, cultiva-se a arrogância da covardia. Protege-se o outro da verdade que mostrará nossa fragilidade e imperfeição, que destruirá a idealização e colocará nossa conduta em xeque. A ameaça da separação sempre é maior do que a sinceridade.

É preciso entender que a intimidade é amar com todos os sentimentos, bons e ruins, não apenas com as melhores intenções. Ao esconder partes significativas e desagradáveis da personalidade, estaremos traindo o futuro a dois. Não adianta ser cúmplice somente naquilo que nos favorece e boicotar o que nos prejudica.

A vergonha de sofrer na hora trará mais sofrimento depois. Ser inteiro significa também decepcionar.

LASCA INÚTIL

Eu apoiei o braço na mesinha do micro-ondas. E arranquei sem querer a tira de madeira.

Busquei colar, mas faltava um pedaço ínfimo, para reconstituir integralmente a peça. A lasquinha inútil, que não enxergava onde estava, era a responsável pela liga. Vasculhei o chão com as mãos, e nada.

Fiquei me encarando no reflexo do micro-ondas, como se procurasse um rosto que não o meu.

As relações de amor são assim: perdem-se por uma lasca.

É algo que nenhum dos dois percebeu como importante, mas que fará a maior falta para encaixar as partes das personalidades. É algo desprovido de valor isoladamente, só que conservava intacta a superfície e a promessa de uma vida conjunta.

As duas extremidades apresentam uma fissura irremediável. Quem diria que uma lasca fosse quebrar o móvel? Uma lasquinha boba, uma lasquinha de ralos centímetros.

A lasca é a construção da destruição, é a fabricação do vazio. Lasca é um erro que não existia no começo do romance, é um atrito, um desgaste, uma falha da soberba dos movimentos. É pensar que conquistou a pessoa e, desse jeito, perdê-la definitivamente — esquece que ela ainda aguarda alguma surpresa e que a mesinha não é de ferro. É acreditar que ela sempre estará ali segurando o micro-ondas ou as expectativas. É o que deixou de ser dito por achar que haveria tempo de sobra. É o que deixou de ser sentido por achar que poderia ser feito no dia seguinte. A paciência é maravilhosa na solidão, e perversa na vida a dois.

A lasca é o tarde demais: a fissura, a falta de uma sobra. É a roldana de um poço fechado, é a maçaneta que cai ao abrir a porta, é a aldrava que não gira quando a janela pede vento.

O amor engasga, a fé engasga, a esperança engasga.

A lasca é o egoísmo de querer cuidar somente de si e realizar os próprios sonhos enquanto o outro espera. Não há maior egoísmo do que fazer o outro esperar resolvermos os nossos problemas ou ambições. Ou se resolve junto, ou a ruptura virá impiedosamente.

A maior parte dos casais confunde o eterno com o imutável. Imutável é a surdez do tédio, a monotonia de não sair do lugar. Eterno é viver mudando para nunca cansar de amar.

Não visualizava a lasca porque ela havia entrado na pele da minha mão. A lasca é uma farpa que entra na carne dos relacionamentos. E machuca com a violência do vidro partido e jamais refeito.

DE CHINELO OU SALTO ALTO

Com ou sem desespero? Há sempre as duas alternativas diante dos problemas. Opto por sem desespero. Sei que a palavra tem poder e não banalizo o desaforo. Não xingarei quem não conheço.

Se tenho razão, perderei a razão na hora em que faltar com o respeito. Sacrificarei os meus direitos ao ferir e maltratar o outro.

Entendo que a justiça é lenta de propósito para não cometer uma leviandade. A agressividade, por sua vez, que é rápida e dolorosa — executa longe de ouvir o contraponto e examinar as mais diferentes versões.

O lado fraco não se torna forte pela imposição, nem o lado errado se torna certo pelo grito.

Não explodirei em qualquer situação, que é aquilo que costuma acontecer com a maior parte das pessoas. Só vou estourar em uma situação especial de perda ou luto. Economizo a dor e o sofrimento. Não perderei a cabeça por qualquer coisa. Perder a cabeça é condenar o coração.

Vivemos à flor da pele e nos sentimos permanentemente cactos, injustiçados, boicotados, passados para trás. Chegamos ao contrassenso de perseguir a paranoia. É um restaurante errar a conta e debochamos do garçom, é a companhia aérea não permitir o nosso embarque com o atraso e descascamos o funcionário do balcão, é um caixa errar o preço de um produto e chamamos para a briga, é alguém se confundir e tomar a nossa frente em uma fila e armamos uma confusão, é uma operadora de telemarketing telefonar no domingo, que mandamos a sua mãe a um lugar indesejado.

Personalizamos o serviço em um funcionário e jamais concedemos um desconto ao acaso. Ninguém pode errar, que já é por querer.

Não há discernimento. É um ódio gratuito e generalizado. De repente, o sujeito cumpre apenas regras como a gente em nosso trabalho, tem uma vida parecida de sacrifício e igualmente uma família para sustentar e não merecia ser ofendido de cima a baixo.

Não perdoamos nada. Tudo é caso de vida ou morte. Tudo é barraco. Tudo é escândalo. Agimos com a mesma intensidade nervosa com um estranho ou com um familiar, no momento de gravidade ou na banalidade.

Como ser feliz se xingamos todos os atendimentos que recebemos? Como ser feliz se reclamamos o dia inteiro?

SANTINHO

Todos podem copiar imagens das redes sociais ou baixar álbuns inteiros em segundos, mas o amor ainda permanece artesanato.

A facilidade digital não mudou os símbolos do romance, que seguem os mesmos de nossos bisavós. A rosa continua como a favorita do buquê, o bilhete continua escrito à mão, a dedicatória no primeiro livro emociona mais que o conteúdo da obra, a letra de uma canção repassada ao papel revela momentos a dois.

Se alguém pedir para ver como é a minha namorada, não mostrarei nenhuma foto do meu celular.

Para a surpresa dos outros, abrirei lentamente a carteira e retirarei uma fotinho 3x4 que recebi dela.

A tradição é transgressora no campo emocional. Não há maior demonstração de compromisso do que guardar uma foto 3x4 na carteira dentro daquele envelopinho azul de plástico. Nada aplaca a materialidade desta declaração antiga e sempre atual.

A foto 3x4 é o santinho da intimidade do casal, é o RG da paixão, é o CPF da lealdade.

Supera em importância o status de relacionamento no Facebook. Ultrapassa o valor de uma aliança no dedo.

Os pares que trocam as pequenas fotos não vão se separar sem resistência. Tiveram o trabalho de visitar um estúdio, sentar na cadeira alta e atender às ordens de seriedade do fotógrafo. Reservaram uma das cópias para a sua companhia predileta. Não é pouca coisa em tempos tão líquidos, quando o desprendimento vem sendo desculpa da preguiça.

Quando a minha namorada me presentou com a sua fotinho estava simbolicamente afirmando que confiava em mim, recomendando para que cuidasse de nossos laços e lembrasse de onde venho e para quem eu volto. Logo tornou-se um talismã da ternura, um escapulário de bolso.

Representa o atestado de nascimento da nossa relação que valerá enquanto não nos casarmos, assim como a certidão de nascimento é o documento provisório antes da identidade.

E o mais bonito da foto é que ela não está rindo — ninguém ri em foto 3x4 —, é o amor que gargalha de orgulho em meus dedos sempre que digo que somos apaixonados.

FINAL DE SEMANA PERFEITO

Meu filho nunca pisou numa locadora de filmes. Ele baixa todas as séries e jogos em seu computador ou acompanha as obras de sua preferência nos canais de assinatura da web.

Já eu vivi o império das locadoras. Meu sonho por ordem era abrir uma locadora, uma livraria e um café. E, com certeza, não era só meu, antes da revolução de Steve Jobs.

O cinema em casa fez a cabeça de toda uma geração, que alugava fitas, experimentando uma extensão do empréstimo dos livros da biblioteca na escola.

Lembro da alegria ansiosa de sair do trabalho na sexta para buscar os lançamentos e garimpar clássicos. Horas a fio revistando as prateleiras, com pilhas de capas nas mãos e a séria dificuldade de escolher o que realmente desfrutava de tempo para ver.

Não controlava a gula. Havia uma fórmula secreta no desperdício. Quando eu locava cinco filmes, assistia a três. Quando locava quatro filmes, assistia a dois. Quando locava três filmes, assistia a um. Quando locava dois, não assistia a nenhum. Jamais locava um, pois era impossível ceder às promoções para permanecer uma semana dependendo do número de locações. Tenho dúvidas do que vi, a sensação é de que concluí um filme, mas na verdade apenas o retirei.

Apesar do prazo dilatado, atravessava uma maldição. Não conseguia entregar no dia. Acho que paguei mais em multa do que em aluguel. Eu não registrava a data da devolução e entrava em pânico quando reconhecia os títulos esquecidos em cima do aparelho de VHS.

As locadoras foram um termômetro da felicidade. A saudade de pegar uma montanha de filmes com amigos e virar a madrugada comendo pizza e emendando roteiros e dramas até o amanhecer. Ou, quando me apaixonava, curtir o sábado e domingo com a namorada na cama, só apertando o play e o pause. Se eu retirasse oito filmes, certamente me encontrava amando, disposto a sumir no quarto e esquecer o mundo.

O deslocamento físico e o manuseio balbuciante dos estojos intensificavam o prazer. Definir pela sinopse mal redigida o que valeria a pena e ganhar a discussão com a mulher sobre qual título levar formavam um ritual de final de semana perfeito que não existe como antes.

Lamento a ausência galopante das locadoras em nossos hábitos. Não cumpri as minhas fantasias. Faltou coragem de entrar na salinha de filmes pornôs, um espaço à parte, carregado de preconceito e com câmeras nos cantos. Hoje estaria preparado, sem nenhuma vergonha da minha sexualidade. Pena que é tarde demais.

AGRADÁVEL INSATISFAÇÃO

Quando a esposa escolhe a sua roupa para sair, a minha opinião somente vale para criar dúvidas. Se confesso que adorei, não significa que manterá a combinação. Cinco minutos depois estará com outro traje pedindo a minha opinião de novo. Ou seja, aquele vestido que elogiei já não existe mais, morreu de inédito.

A impressão é que o meu palpite não faz sentido, mas tem uma função eliminatória. Ela recusará uma roupa de que não gostei, porém não seguirá cegamente o que gostei. Porque precisa gostar mais do que eu. E uma mulher só gosta comparando.

Esqueça o sonho de que ela pegará um figurino no armário e deu, que será rápida e prática. Seu costume é realizar um leilão no guarda-roupa. Sempre derrubará os cabides sem medo da bagunça, com a intenção de intercambiar tecidos. É uma pintora diante da tela imensa do espelho, produzindo cores inéditas na paleta. Não esmorecerá até definir a opção certa para o clima e para a ocasião. Não deseja apenas estar bonita, porém ser também oportuna. Odeia a hipótese de chegar num lugar com jeito de fantasiada.

Escolher depende do cruzamento das peças com os acessórios. O costume é aprovar o vestido e não achar um sapato à altura, optar por uma calça e uma camisa e cismar com o cinto. Uma simples hesitação põe o trabalho de horas abaixo.

A importância do encontro pode ser mensurada pelo número de roupas que testou. Mais de cinco é sinal de que leva a sério o passeio.

Não reclamo quando a minha mulher troca de roupa seguidamente. Não reclamo da demora e do atraso. É a minha chance de vê-la nua várias vezes. É a minha chance de vê-la se despindo para mim várias vezes.

TER RAZÃO É DE MENOS

Aquele que nunca deu o braço a torcer um dia dobrará os joelhos. Mesmo o mais ferrenho orgulhoso não escapará da humildade. Ninguém escapa de conhecer a si. Pode durar perturbadores vinte minutos, um breve intervalo, mas experimentará o calor do despojamento, beijará o chão de sua renúncia, os ouvidos se abrirão para as batidas na porta e as vozes na janela.

Pode ser uma consciência rápida e provisória, não importa, só que ele sentirá na pele o tamanho da falta em seu corpo, o tamanho de suas falhas, o tamanho de sua teimosia que afastou de perto todos que realmente o amavam.

Mesmo o mais frio orgulhoso perceberá — por um fundo relance — que não tinha razão, que seguiu a intolerância jurando que era temperamento, que desenvolveu o egoísmo jurando que era independência, que vigiava um túmulo jurando que era o seu berço. Estará desamparado em sua esperança, não restou sequer uma companhia para acreditar em suas mentiras.

AMIZADE É TAMBÉM AMOR | 215

Mesmo o mais insano orgulhoso cansará das explicações e das justificativas, dos detalhes e dos álibis para aliviar sua responsabilidade.

Mesmo o mais endurecido orgulhoso verá em algum momento o que perdeu e o valor daquilo que colocou fora. Seus olhos brilharão confusos, vermelhos, aflitos. Terá uma clareza absurda do que foi e da prisão que criou para a boca.

Será uma tempestade de lucidez encurvando as árvores e as certezas. Conectará os fios das lembranças, fazendo a saudade funcionar plenamente, pela primeira vez, em sua casa.

Ainda que por meros minutos, receberá a paz da pobreza, a paz da pequeneza, a paz da inutilidade, a paz de não ser coisa alguma sem os outros, que o colocará a chorar compulsivamente, rebobinando o sofrimento que gerou e entendendo o quanto comprou uma briga desnecessária com o destino, o quanto não valorizou o que lhe fazia alegre, o quanto sempre se viu traído e enganado por antecipação, o quanto dedicou o tempo a se vingar e a perdurar lições a quem não concordava com as suas convicções.

Não ouvia o óbvio porque preferia falar bonito; não pedia desculpa porque não queria ser fraco; não se entregava para proteger a sua vergonha. Emburreceu a emoção procurando ser inteligente.

Tudo o que combateu racionalmente, tudo o que contestava, desaparecerá e amargará exatamente o contrário do que pregava.

Virá um arrependimento por ter se defendido excessivamente a ponto de não ouvir a posição contrária, preocupado apenas em não ceder, interessado em ganhar a discussão custasse o que custasse (pena que custou a própria vida!).

O que explica pais ligando de madrugada para os filhos, sem nenhum motivo, para dizerem simplesmente obrigado; filhos surgindo na residência dos velhos pais cheios da gentileza do remorso; ex mandando mensagem, décadas depois, do nada, para se penitenciar de uma deslealdade.

O desespero não tem hora para derrubar as reservas e defesas. O desespero é sol de noite, é luz da pele no quarto escuro.

Nem o orgulhoso mais renitente foge do encontro com a verdade. Pois Deus vem, sempre virá, na forma de terapia ou simpatia, na bênção ou no isolamento. Nunca é tarde demais para Deus.

SE FOSSE DIFERENTE

Às vezes é amor desde o início, mas recebe o nome errado do medo, é chamado de amizade por engano e demora para ser anunciado. Até virar hipótese improvável.

Você não segurou a mão no cinema quando deveria, você não beijou a boca na primeira vez que saíram, você não usou a licença poética da embriaguez para subir ao apartamento na hora da despedida, você não arriscou e não se entregou, como nos blecautes anteriores. Foi possuído de pudor, a proteger uma afeição pura e inédita. Foi tomado de respeito, não queria avançar o sinal.

Veio um estranho medo de ferir e de ser ferido. As pernas fraquejaram, o aceno pendeu no ar pela metade, os olhos se contentaram em voar com um tchau desajeitado.

Os dias se passaram e não retornaram mais ao início onde a amizade era para ter sido amor.

Trocaram confidências para domesticar o encontro, esconderam a atração forjando lealdade, espantaram a possibilidade de sexo para não sobrecarregar de dúvidas a cumplicidade que corria dentro do toque.

Sufocaram, com as forças da juventude e da dissimulação, a inquietação que reinava no silêncio e na saudade.

Vocês se encaixavam perfeitamente. Concordavam antes mesmo da conclusão da história, decoravam datas e gostos, adoravam caminhar lado a lado e discutir o que vinha à mente com liberdade, sem censuras e filtros.

Usaram todas as palavras um com o outro, menos aquelas que mudariam tudo. Empregaram todas as verdades um com o outro, mas mentiram justamente na confissão que transformaria o relacionamento.

Não arriscaram declarar o que sentiam. Ou porque era cedo demais e estavam se conhecendo. Ou porque era tarde demais e já se conheciam excessivamente.

Não perceberam o quanto se envaideciam no momento que alguém na rua se confundia e elogiava a intimidade:

— Formam um casal muito bonito!

— Ah não, não somos um casal...

Não? Tinham um dialeto, um riso sempre fácil, conversavam por músicas e canções, atravessavam a clareza das madrugadas e a claridade dos dias, mas não apostaram na intuição, o único conselheiro que desfaz dilemas.

Esperaram reunir provas do sentimento mútuo quando nunca existiu tribunal no amor, quando nunca existiu justiça no amor, quando nunca existiu reparação de perdas e danos no amor, é sempre esse agora e sempre, essa execução sumária.

Não há como culpar ninguém por aquilo que não aconteceu, a não ser lamentar a timidez. Permitiram que namorados e namoradas aparecessem no vácuo que não ocuparam, e complicaram o que podia ser fácil. Agora estão condenados

AMIZADE É TAMBÉM AMOR | 219

a ouvir descrições apaixonadas e lamúrias, fins e abandonos, recomeços e novos romances. Agora estão forçados a mergulhar num ménage espiritual, a suportar indiscrições, a fingir desinteresse e chorar em segredo. Agora serão empurrados pela vida a serem melhores amigos eternamente, a serem convidados para os papéis de padrinho e madrinha de um casamento errado, de um altar que no fundo era destinado aos dois.

CAIXINHA DE MÚSICA

Nunca invejei as bonecas das meninas e o mundo em miniatura feito de casinha cor-de-rosa e armarinho com roupas esportivas, sociais e de gala.

Fui menino de futebol, de aventura, de molecagens, de fazer incursões no porão com lanterna, de desbravar terrenos baldios, de subir telhados e esfolar os joelhos, de chegar suado à sala de aula.

Mas morria de ciúme da caixinha da bailarina da minha irmã. Era um teatro de graça: levantava-se a tampa, girava a corda e a bailarina dançava Debussy em cima de um espelho. Não sei o que acontecia direito, eu me maravilhava, o cenário mudava a sequência das batidas do coração. O coração de pé no meu peito se ajoelhava de repente diante dos deslizamentos de cá para lá da coreografia.

Brinquedo lindo que repousava ao lado da cama e sempre me despertava uma vontade imensa de roubá-lo.

Eu queria para mim. Tentei as vias legais, pedir no aniversário e no Natal, trocar pela minha coleção de Playmobil, só que o pai ria do pedido extravagante:

— Não é coisa de guri. É um porta-joias, Fabrício! Não tem sentido. Você não usa bijuteria.

O pai preocupava-se com uma possível afeminação de minha parte; não compreendia que foi o meu primeiro impulso claramente masculino e heterossexual: eu me apaixonei pela bailarina. Perdidamente. Lembro de seu pequeno rosto de avelã, o nariz arrebitado, os olhinhos brilhantes e o coque perfeito pronto para se desmanchar em nossa noite de núpcias. Eu desejava fugir de casa com a bailarina, casar e ter filhos. Estava imerso numa paixão pura, extrema, com a vontade de passar o resto da vida com alguém. Não importava que ela fosse pequena, do tamanho da minha mão, daria um jeito. A gente se apaixona primeiro, depois é que pensa se é possível ou não. O desejo cria realidades paralelas.

Sem a compreensão da família, eu precisava contar com a generosidade da irmã em me ceder apresentações. Antes de dormir, ia nas pontas dos pés ao seu quarto e implorava para que me mostrasse a música. Aquelas sessões de rodopios e voltas da bailarina provocavam suspiros. Não permitia acabar, como um livro que não se aceita o final.

— Mais uma vez, mais uma vez — gritava para a irmã, desesperado, após a décima repetição, procurando manter a chama rosa bailando o máximo possível na concha dos meus olhos.

Ainda hoje caminho pelas ruas de Porto Alegre com a esperança de ouvir "Clair de Lune" e ser reconhecido pela bailarina que tanto amei na infância. Juro que abandono tudo por ela.

QUE ASSIM SEJA

Eu sou homem e acredito em poesia de fadas (que é melhor do que os contos de fadas). De uma noite perfeita, é possível gerar a lealdade de dias imperfeitos. De uma noite perfeita, descobriremos a força para atravessar futuras tristezas.

O que sofri na vida deixará de ser cinismo e se transformará em humildade dos ouvidos. Minha dor será gentil e não mais agressiva e desconfiada.

Esta mulher salvará a minha ingenuidade, a minha pureza, avisará que não preciso ser cínico e incrédulo, que amadurecer não significa perder a fé no amor.

Tudo virá como um passe de mágica: nenhum dos dois desmarcará o primeiro encontro, a timidez desaparecerá como neblina, a vontade de morar junto emergirá no primeiro abraço, não nos desgrudaremos depois da primeira transa, a paixão nos dará a coragem para enfrentar os receios da família e dos amigos. Cada mão dada inesperadamente formará o aço da pá para enterrar antigos relacionamentos. Driblaremos o impossível com a teimosia dos loucos, planejaremos a nossa vida em comum com a compreensão dos sábios.

Pânico recíproco será calma, medo recíproco será desejo, sensibilidade recíproca será intimidade, espanto recíproco será descoberta.

Ela se apaixonará pela minha alegria, mas também pela minha melancolia, meu humor, minha sinceridade. Não vou me explicar mais, não vou me defender mais, não me sentirei sobrando em mim ou faltando no outro, estarei milagrosamente confortável no mundo, como nunca antes, como talvez me percebi raramente na infância.

Beberemos a tempestade no copo d'água e retiraremos alianças do sol tapado pela peneira. Se fui gato-sapato de outros romances, terei agora a barba acariciada de um leão.

Não inventarei desculpas, inventarei saídas para multiplicar a presença.

Acredito no enlace em que não pedirei nada, não reclamarei para ser prioridade, não protestarei por espaço como um indigente das estrelas — a mulher saberá o que digo roubando as minhas palavras com os beijos.

Eu acredito piamente no feitiço, na predestinação, que devemos ajudar o acaso, jamais subestimando as evidências. Eu acredito no encantamento, no olhar paralítico enquanto o meu corpo se desespera em gestos.

Amarei a véspera como um fato, e o fato como uma relíquia da memória.

Antes do eu te amo, falarei que parece que a conheço há muito tempo, pois ela terá o mesmo rosto da minha esperança.

Ficarei surpreso o quanto me conhece pelo tato, o quanto me acha pelo olfato, o quanto me revela pela ternura.

Nem vou acreditar naquilo que está acontecendo de tanto que acredito.

NÃO É SIMPLES SE APAIXONAR

Paixão não é banal. Paixão não acontece com frequência.

Tenho um amigo que se apaixona semanalmente. Ele está se enganando. Não é paixão, mas flerte, interesse, atração, carência, desespero para se casar.

Paixão acontece poucas vezes na vida. Devo ter me apaixonado somente seis vezes em quarenta anos.

A paixão é a nossa chance de chegar ao amor, jamais uma certeza. Pois a paixão é conquista, já o amor depende da convivência. A paixão é sempre à primeira vista, o amor vem em parcelas.

Se me apaixonei meia dúzia de vezes, amei apenas duas vezes ao longo de meus romances. De amar mesmo, a ponto de desistir de meus preconceitos e de minhas exigências e doar espaço para o tempo de alguém.

A paixão é rara. De sua raridade, surgirá o amor, mais único ainda.

O que posso garantir é que a paixão é uma devastação. Não tem como não notar. Você esquece quem você era e aonde ia. Você esquece o que fazia e o que queria.

Seus contatos do celular e das redes sociais desaparecem. Nada mais interessa. É um apagão, a sua memória morre — persistem a imaginação e a fantasia.

A paixão é um blecaute da personalidade.

Um redemoinho passa pela cidade de seus olhos, levando a civilização de pretendentes. Um furacão destrói a importância de seus pertences e a sua forma de se relacionar com o mundo.

Você que é cético passa a ter fé, confiar em magia, adotar hábitos de supersticioso.

Você que é avarento estará disposto a filantropias improváveis.

Você que é tímido cantará num microfone.

Você que é cafajeste torna-se fiel como uma rolha de vinho.

As defesas e restrições estão postas abaixo.

É um dia perfeito que interrompe o calendário, o envelhecimento, as mágoas, as cismas.

É um beijo melhor que todas as palavras que procurava antes.

Não há como confundir o diagnóstico. Não existem dúvidas do encanto que se abateu.

A paixão traz uma força inacreditável. O sangue bebe energético do ar. As pernas levitam.

Experimenta um superpoder: enxerga as auras além dos rostos, adivinha os pensamentos além do som, entende as piadas além do gesto.

Não precisa comer, não precisa dormir, não precisa trabalhar, não precisa arrumar a casa, não precisa atender telefone, não precisa responder mensagens.

Desfruta da imunidade do otimismo. Aguenta emendar noites e permanece disposto. Não consegue parar de transar e não reclama do cansaço. Vira um bicho do instinto. O olfato é a sua realeza.

Emagrece, mas não perde o brilho.

Adoece, mas não perde a saúde.

Com a falta de alimentação e de cuidados, qualquer pessoa ficaria desidratada e baixaria no hospital, menos o apaixonado.

O apaixonado encontra a inexistência perfeita, ser cada vez menos para ser o outro.

CIUMINHO

Falar tudo o que acontece não é lealdade, mas tortura.

Amor é feito também da discrição, não chamar atenção do que não é importante, não criar ciúmes desnecessários.

Seu namorado ou sua namorada não tem que saber se recebeu cantada na rua, ou se um ex ressurgiu com lembranças no Facebook, ou se o colega do trabalho lançou uma indireta. Não tem que saber se foi cortejada no WhatsApp ou do professor gostoso da academia. Poupe detalhes que não são recíprocos, que claramente não despertaram o desejo e não afetam o controle dos fatos. É um alarme falso que consome muita energia. Natural a companhia se desesperar com a ameaça de roubo e furto da intimidade a toda hora; não entenderá como brincadeira e charme.

Cortar a conversa com pretendentes é o seu único papel, jamais o de relatar e enumerar as investidas. Não cheira bem o autoelogio, é um fede-fede na lapela das palavras.

Amar pressupõe seriedade. Ser o mesmo dentro e fora de casa. Seguir a receita do futebol, onde não basta jogar com a bola, é fundamental jogar sem a bola, respeitando o posicionamento em campo.

É constrangedor e infantil se vangloriar de flertes para obter atenção. Indica carência e falta de segurança.

A informação de que se sujeita a ficar de papinho somente vai gerar discussões dispensáveis. Quando descreve uma tentativa de aproximação, ainda que frustrada, está sinalizando que a disponibilidade lhe agrada. E também que um mero contato casual é uma ameaça: se não atender ao que peço, tem gente interessada.

A reação de quem ama é se afastar. A confiança representa a base da lealdade, e a exposição de concorrência cria o medo de se comprometer. Afinal, a mensagem que passa é a da licitação do seu coração — só falta abrir edital. Sem perceber, valoriza o passe e desvaloriza a relação.

Generaliza o amor e apaga a particularidade da conquista, fazendo crer que pode ser qualquer um. Parece que não tem exigências e que é uma presa fácil da bajulação.

Deixe para brigar por questões fundamentais. Não exercite a desconfiança, que ela pode não parar mais. Não troque o amor pela neurose. Neurose é banalizar a implicância.

NÃO FAÇA O OUTRO SOFRER O QUE VOCÊ SOFREU

Você queria que o outro sofresse o mesmo que sofreu, que ele entendesse o que renunciou, o erro que cometeu, o que deixou de viver ao seu lado, a escolha enganada. Queria que ele engolisse de volta tudo o que ficou engasgado em sua garganta: toda a distância, toda a indiferença, todo o desprezo. Parou de atender ao telefone, bloqueou as redes sociais, não garantiu o direito a uma conversa redentora, virou as costas como mais uma porta fechada de casa, recusou as apelações por cartas e a esperança da retratação rápida.

Você pode comemorar, atingiu o seu objetivo; ele hoje é um caco, um restolho, um trapo do homem que foi. Pode espalhar para as suas amigas que se vingou perfeitamente, envaidecer-se das estratégias de guerra, pode mostrar com orgulho o quanto ele resta perdido, desorientado, solitário, que o rosto dele não esboça um riso há tempo, que as olheiras fundas são desenho a carvão, que a sua barba é de um náufrago dos ansiolíticos. Pode se vangloriar do fim da fé do sujeito, de sua exaustão mental, de quem acorda como quem dorme, de quem dorme como quem desmaia. Pode exibir que você conseguiu o que desejava: ele sofreu tanto como você.

Estão quites. Mas infelizmente a sua falha é devolver o que houve de ruim na relação e não recuperar o que havia de bom. Vingança não é justiça. Vingança é pisar mais o que estava machucado. Retribuiu as feridas, as chagas, a inclemência. São duas vítimas, não mais uma: você antes, ele agora. Executou a retaliação com astúcia de xadrez. A razão é um jogo para vencer, já o amor é a arte de ceder. Não há como ganhar na razão sem sacrificar o coração.

Não previu que sofrer é perigoso. As pessoas desamam na dor. As pessoas não voltam mais a ser o que eram. Exagerou na dose, pois a raiva não segue nenhuma posologia. Ele não tem nem mais uma ponta de orgulho para voltar a lhe admirar.

O sofrimento não produz saudade e sim mata a saudade. A saudade é cria da alegria. O sofrimento apenas traz ressentimento. Você trocou o eu te amo dele por um pedido de desculpa. Ele irá pedir perdão um dia, porém nunca admitirá uma reconciliação. Não foi um grande negócio.

Dar o troco é perder a fortuna do amor.

ANOTAÇÕES SOBRE A SAMAMBAIA

Ninguém foi condenado por matar uma samambaia. Nenhum solteiro, nenhum casado em crise. Sempre ela é vista como suicida. É ela que desistiu, nunca é culpa da falta de cuidados.

A família sai de férias, não é carregada junto, não inspira instruções para quem fica.

Não se compra uma samambaia, recebe-se de presente. Como veio de graça, assim ela é ainda mais esquecida.

Sua aparência de mato engana, confundida com um arranjo de buquê sem as rosas.

A samambaia termina com alma de flor de plástico.

Como não oferece sementes, como não floresce, tem o preconceito dos românticos.

A samambaia poderia andar nua pela casa e não chamaria atenção. Nasceu camuflada, camuflada de si mesma. É apenas percebida com a chegada das borboletas. As borboletas são as suas roupas.

A samambaia não mete medo como uma lagartixa. Ela existe, mas não existe. Tem uma desvantagem em relação à lagartixa: não tem paredes para correr.

O fato de ocupar o alto faz com que não seja valorizada. Parece que não é dali, parece que está voando, de passagem.

A samambaia é uma pipa que foi montada e jamais ganhou o céu de uma criança.

Não se conhece o desejo de uma samambaia, a sua felicidade, o seu esporângio.

Escora-se nos lamentos do vento; uma planta triste de unhas compridas. Talvez uma manicure resolvesse o seu dilema.

A samambaia sofre de complexo de inferioridade, mas não consegue encolher. Ela cresce, inclusive, quando falece.

A samambaia é confundida com o cacto. Só que o cacto sobrevive, a samambaia, não. O cacto bebe mais pedra do que água.

Lembra um cachorro, pula em cima dos móveis, abana o rabo, lambe o rosto e se esfrega em quem se aproxima. Pena que o dono não compreende as suas folhas como uma língua para fora.

Morre de sede porque todo mundo pensa que alguém já deu água para ela.

ROUBAVA A PRÓPRIA CASA

Na infância, não sei bem o motivo, mas não tinha direito à cópia da chave de casa. Vinha do colégio desfalcado de medos.

Só os adultos recebiam a honra do molho com chaveiro. Era outro tempo: menos assalto, menos violência, sem cercas eletrônicas, mais crianças brincando na rua. A mãe ou o pai ou um dos três irmãos sempre estava na residência para abrir a porta. Não me preocupava com segurança.

Mas enfrentava momentos de azar quando não havia ninguém, tarde de passeio no supermercado e de reivindicação das preferências de cada um no rancho. Ansioso e hiperativo, não esperava obediente no banco de madeira. Fui um ladrão do próprio lar. O meu tipo físico ajudava: magrinho, ágil, de pernas longas.

Conhecia quais as janelas que poderiam estar destrancadas e forçava as venezianas, experiente dos pontos fracos e os hábitos dos moradores. Não me encabulava de saltar o portão do pátio. Escalava as paredes para me esgueirar em uma fresta e pular para dentro da sala. Com arame de um cabide quebrado, puxava a chave reserva do gancho da parede. A minha

maior façanha foi um dia em que subi o telhado, apoiando-
-me no muro, e desci pelo alçapão do banheiro. Eu me sentia
um herói da ilegalidade. Festeja as minhas transgressões.

Dessa experiência, desenvolvi o meu olhar de fora, estran-
geiro sobre a rotina. Enxergava a minha casa como se não fosse
minha, para aprender a entrar sem a chave. A brincadeira me
preparou a manter um distanciamento dos laços de sangue,
com facilidade para inventar e me transformar em personagem. Admirava observar os pais e irmãos pelas vidraças da
rua, com o talento de um fantasma. A minha alegria era não
existir, era me ausentar por completo, era ser um anônimo
observando aquelas pessoas pela primeira vez.

Acabei sendo o único que não seguiu Direito. Numa
família de defensores, promotores e juízes, escolhi ser um
marginal da palavra. O escritor é aquele que nunca se vê inteiramente adaptado e sempre assalta a intimidade e o passado
dos próximos. Tenho pena de meus irmãos, até hoje roubo as
memórias deles e jamais devolvo. Nunca teve graça apertar a
campainha e avisar da minha chegada.

SIMPLES, CHIQUE E METIDA

Pessoa simples diz que está com dor de cabeça. Pessoa chique diz que está com enxaqueca. Pessoa metida diz que está com cefaleia.

Pessoa simples diz que está cansada. Pessoa chique diz que está exausta. Pessoa metida diz que está fatigada.

Pessoa simples diz que está podre de sono. Pessoa chique diz que está morta de sono. Pessoa metida diz que está encantada de sono.

Pessoa simples diz que está com dor de barriga. Pessoa chique diz que está com gases. Pessoa metida diz que está com cólica.

Pessoa simples transa. Pessoa chique diz que faz amor. Pessoa metida fornica.

Pessoa simples broxa. Pessoa chique falha. Pessoa metida experimenta disfunção erétil.

Pessoa simples tem crédito. Pessoa chique tem dinheiro. Pessoa metida tem investimentos.

Pessoa simples almoça. Pessoa chique faz refeição. Pessoa metida degusta.

Pessoa simples descansa. Pessoa chique mergulha em ócio criativo. Pessoa metida procrastina.

Pessoa simples elogia o sol. Pessoa chique elogia o céu de brigadeiro. Pessoa metida elogia a velocidade do vento.

Pessoa simples explode. Pessoa chique surta. Pessoa metida toma banho de loja.

Pessoa simples fica louca. Pessoa chique fica estressada. Pessoa metida fica sobrecarregada.

Pessoa simples é barraqueira. Pessoa chique tem atitude. Pessoa metida tem personalidade forte.

Pessoa simples procura cartomante. Pessoa chique procura terapeuta. Pessoa metida recebe os dois em casa.

Pessoa simples trabalha. Pessoa chique atende compromissos. Pessoa metida vai verificar a agenda.

Pessoa simples chama os amigos. Pessoa chique organiza evento. Pessoa metida realiza *open house*.

Pessoa simples termina a relação. Pessoa chique pede um tempo. Pessoa metida viaja para a Tailândia.

Pessoa simples enche a cara. Pessoa chique bebe socialmente. Pessoa metida não lembra de nada.

Pessoa simples dá um presente. Pessoa chique dá uma lembrança. Pessoa metida dá um agrado.

Pessoa simples pede desculpa porque peidou. Pessoa chique comenta que está com flatulência. Pessoa metida avisa que não foi ela.

Pessoa simples esquece o encontro. Pessoa chique desmarca o encontro. Pessoa metida coloca a culpa na secretária.

Pessoa simples relaxa com uma chuveirada. Pessoa chique relaxa com uma ducha. Pessoa metida relaxa com imersão no ofurô.

Pessoa simples migra. Pessoa chique viaja. Pessoa metida realiza turnê.

Pessoa simples usa Bom Ar. Pessoa chique usa incenso. Pessoa metida usa aromatizante.

Pessoa simples assiste novela. Pessoa chique assiste séries. Pessoa metida assiste quedas da bolsa de valores.

Pessoa simples abre a porta com chave. Pessoa chique abre a porta com senha. Pessoa metida abre a porta com impressão digital.

Pessoa simples é demitida. Pessoa chique é remanejada. Pessoa metida passa por reposicionamento de carreira.

Pessoa simples anuncia que está feliz. Pessoa chique confessa que está realizada. Pessoa metida jamais entrega a sua alegria.

QUANDO A ALEGRIA CHORA

Faz tempo que não choro de alegria.

Aquele choro que é melhor do que uma risada, que é uma gargalhada com lágrimas, que mistura o passado com o presente.

Não o choro da tristeza, não o choro envergonhado, não o choro sozinho trancado no quarto, não o choro disfarçado do chuveiro, não o choro de um filme ou de um livro, não o choro induzido por uma cena ou uma frase, não o choro da saudade ou da promessa, não o choro emprestado, não o choro agudo e vertical do luto, não o choro do sofrimento da separação ou da doença — estes choros são comuns.

Mas o choro da surpresa, da gratidão, do reconhecimento. O choro que não escondemos o rosto com as mãos. O choro em que os braços ficam descansados, só o peito geme. O choro em que a água não escorre pelas faces, e sim jorra das pálpebras — a lágrima começa a voar. O choro em que inchamos as bochechas tal criança que roubou brigadeiro antes do parabéns e colocou inteiro na boca.

O choro em que somos elogiados. O choro em que somos vingados de ternura. O choro em que somos finalmente vistos e destacados. O choro acompanhado, público, com direito a abraço e desconcerto da companhia, que não saberá o que falar diante da comoção.

Faz tempo que não choro assim: com soluços inacreditáveis e os olhos avermelhados de crepúsculo.

Choro da "Nona Sinfonia" de Beethoven, da cegueira enxergando.

Choro absurdo de felicidade, quando alguém arma uma homenagem imprevisível, quando recebe uma gentileza após suportar um longo tempo de indiferença, quando ganha um presente que não acreditava, quando vem uma notícia que muda a sua vida para o bem, quando diz sim para o casamento, quando sela as pazes com um amigo brigado, quando seu filho passa no vestibular ou lança o canudo para cima, quando abre uma carta e reconhece a letra, quando supera um desafio difícil, quando escuta uma declaração que esperava ardentemente em segredo.

Como desejava chorar de alegria outra vez, quando descubro que eu me amo e vejo também que sou amado.

SETE DIAS

Se estou apaixonado, eu aparo a barba, ajeito o cabelo, dobro as borrifadas do perfume, visto roupa nova, engraxo os sapatos, escolho a melhor cueca, reviso as meias para não usar nenhuma com furo, escovo os dentes seis vezes ao dia, volto à academia, largo o terapeuta.

Se estou apaixonado, não basta me arrumar, eu tenho que deixar a casa prendada. Pago faxineira, retiro as tralhas dos fundos, conserto a maçaneta frouxa há um ano, troco o chuveiro frio, compro incenso e aromatizador, seleciono velas com cheiro, gasto em ridículos sabonetes coloridos, descarto toalhas velhas e esfarrapadas, seleciono novos lençóis e roupa de cama, passo na feira para escolher as melhores frutas, forro a geladeira de cerveja.

Limparei ainda o carro coberto da poeira da estrada, esvaziarei o lixo do chão, aplicarei cera na carcaça para renovar o brilho.

Se estou apaixonado, não basta me arrumar e arrumar a casa e arrumar o carro. Eu me preocupo com o interfone do prédio que não funciona direito, com as luzes apagadas do corredor, com a porta emperrada da saída da garagem. Peço providência pessoalmente ao zelador e por escrito ao condomínio. Posso virar síndico somente para dar um jeito logo e impressionar quem desejo. Eu me antecipo a contratempos e adversidades. Não pretendo que nada atrapalhe o que estou sentindo. Serei jardineiro, mecânico, pedreiro, todas as profissões de muque. Buscarei também sofisticação em tutoriais do YouTube: aprenderei receita de risoto siciliano, decorarei passos de forró, assistirei a degustações de vinhos.

Se estou apaixonado mesmo, não basta me arrumar e arrumar a casa e arrumar o carro e arrumar o edifício onde moro, eu começo a escrever ao DMAE para corrigir vazamento na rua, telefono para a Secretaria de Obras para melhorar a iluminação da praça, peço que cortem a grama dos canteiros em meu bairro, incomodo para que seja pintado o meio-fio apagado. Eu me transformo em vereador voluntário, em prefeito de graça. Não me importo em suar, trabalhar, penar, cansar. A vadiagem acabou. Quero deixar tudo bonito para o meu amor passar.

Se estou apaixonado de verdade, farei em uma semana tudo o que adiei a vida inteira.

Deus já deveria estar apaixonado pela mulher quando criou o mundo em sete dias.

APOIAR OU APROVAR

No casamento, um dos grandes equívocos é aguardar aprovação enquanto o correto é esperar o apoio.

Aprovação é paternal ou maternal, não pode ser ritual de casados, porque cria a dependência e a submissão. Alguém se anulará pela carência. Alguém se arrependerá de sua iniciativa e de suas ideias. Alguém agirá pela ansiedade do aplauso. Alguém será permanentemente avaliado. Alguém deixará de viver as suas opiniões em nome do aval de um dos lados.

Não é agradável sofrer com a oposição, é desgastante, às vezes cansa e traz o divórcio, porém é desesperador adotar o que não se acredita só para não brigar.

Mulher e marido devem apoiar, jamais aprovar. Apoiar é respeitar a diferença. Apoiar é reconhecer o valor da posição contrária. Apoiar não é submissão, é estar junto concordando ou discordando. Apoiar é admitir o contraponto e não sonhar com o consenso entre duas personalidades diferentes.

Consenso entre dois é um disparate, o termo democrático funciona com mais envolvidos. Consenso entre dois corresponde a uma miragem de paz, é quando o primeiro manda e o segundo obedece. Consenso entre dois não é liberdade, é poder. E poder restringe a ação, não ilumina todos os caminhos. Quem tem poder tem menos liberdade. Quem tem liberdade não precisa do poder.

Há gente que não faz nada na relação se não obtém aprovação. Depende da aprovação do que vestir, depende da aprovação para receber amigos em casa, depende da aprovação para o que comer e o que beber, depende da aprovação para dormir e mexer no celular. São escravos silenciosos do amém. O sim que começou como agrado, avançou como hábito e recrudesceu em abandono do próprio pensamento.

Na simbiose da aprovação, o amor é perigosamente infantilizado e abre a guarda para o surgimento de um tirano dentro de casa. Sempre existe aquele que se beneficia da fragilidade, explora os bem-intencionados e manda e desmanda no casamento.

O desejo de agradar de qualquer jeito desemboca na obediência cega. No fim, terminará não determinando o que é realmente seu da rotina, apagará a sua identidade, não saberá escolher um canal de televisão ou uma roupa ou uma comida, de tanto que se sujeitou ao que a sua companhia considera adequado.

Apoie, que é um gesto de igualdade, não aprove. Ninguém é melhor do que o outro para aprovar.

#MUITOAMOR

Os cachorros não são como filhos, por mais que as pessoas repitam essa máxima.

Repreendemos os filhos diante de qualquer desordem. Filhos são o nosso sangue e têm uma ligação direta com as nossas emoções à flor da pele. Não temos uma paciência ensaiada, uma moderação construída. É a intuição agindo, fervilhando de pressentimentos. Somos severos quando correm perigo e renovam os nossos medos.

Amamos mais os filhos quando atendem às nossas expectativas — pois estão nos ouvindo. Amamos mais os cachorros quando eles fazem o contrário do que pedimos — exaltamos a vida própria deles.

Filho comportado e cachorro desrespeitoso são estranhamente sinônimos de orgulho.

O filho é educação, o cachorro é transgressão afetuosa.

O filho é o nosso exemplo, o cachorro é a nossa oposição divertida.

Com os filhos, somos capitalistas e materialistas. Com os cachorros, somos comunistas e desapegados.

246 | CARPINEJAR

Vejo donos postando fotos no Facebook de seu cachorro arruinando o sofá. As almofadas mordidas, estraçalhadas, pano convertido em cordas. Só que eles não ficam brabos, pelo contrário, parecem orgulhosos e colocam a hashtag MUITOAMOR. Se a devastação tivesse sido praticada por um filho, não seria tolerada, muito menos enquadrada como um gesto fofo. Ele terminaria chorando de castigo.

Vejo donos publicando imagens no Instagram de seus sapatos de mais de trezentos reais transformados em pantufas pelos seus cachorros, sempre com a hashtag MUITOAMOR. Sugerem felicidade e entendimento. Demonstram um descompromisso com o par caro arrebentado pelo seu animal de estimação. Se o ato fosse de autoria do filho, não teria o mesmo destino generoso, nem a cena seria alardeada na internet com juras de paixão.

Eu também testemunhei donos postando fotos de seu cachorro mijando na cama, roendo o pé das mesas, arranhando portas fechadas, rasgando o estofado do carro, comendo flores, sequências de filme de terror doméstico exaltadas como uma lição de muito envolvimento. Quando destrói, o cachorro está brincando, sob o pretexto de não conseguir controlar a sua força e medir a sua vontade. Quando destrói, o filho está implicando e provocando, sabe o que faz e apresenta sérios problemas psicológicos.

Não me fale, então, que os cachorros são como filhos. Não tem nenhuma conexão.

Os cachorros são como os netos, assistimos ao seu crescimento com admiração, sem neurose, com a ternura desobrigada.

Perdoamos os seus erros como fazem os avós, que não sofrem diretamente com as suas atitudes.

O ENIGMA MASCULINO DO FILTRO SOLAR

Homem confunde filtro solar com pomada. O que tem de pato, ganso, cisne na praia, com camadas e camadas mal espalhadas. Ou ele passa demais, ou passa de menos. Ou exagera, ou se omite. Não existe meio-termo (e nem menciono o spray, no qual as borrifadas são engolidas pelo vento). Ou exibe uma plumagem branca, ou aparece camarão-rosa, escandalosa carne viva em alguns trechos do corpo que exigem maior elasticidade, como as costas e atrás das axilas.

O mais cômico é o macho peludo, onde o creme fica eriçado na capa do peito, dê-lhe a cantar Roberto Carlos: debaixo dos caracóis dos seus cabelos.

Há uma incompetência inata masculina que deveria ser estudada. Metade do protetor permanece entre os dedos da rapaziada. Certo que o que não queima é a palma da mão.

O problema é a má vontade que vem da infância. Não conheço amigo que comemore o uso do protetor solar — faz obrigado, contrariado, de qualquer jeito, tateando a pele às pressas, longe do espelho. A mulher já considera o ato familiar e natural, está acostumada aos mais variados cremes de pequena: antes do banho, no banho, após o banho, desde as unhas até a raiz do penteado. Não há região de que ela não cuide com perseverança e afinco.

O modo desengonçado do varão começa na pouca intimidade que tem com a retirada do produto do pote, feito na base das cuspidas esporádicas, violentas e esforçadas. O creme é espirrado no chão, na cama, nas paredes e, inclusive, no teto.

A mulher, diferentemente, vira antes o pote fechado, dá umas palmadas na bunda e retira o volume que deseja com a maior tranquilidade do mundo. Diante da facilidade, a impressão é de que trapaceou e desenroscou a tampa do furo para pegar uma quantidade generosa.

As explicações no rótulo também terminam desprezadas pelos marmanjos, escolhem o número do filtro como se fosse jogo do bicho. Não se fixam em detalhes tais UVA e UVB, essenciais na prevenção de rugas e manchas solares.

Homem é genérico, mulher é farmácia de manipulação. Homem é remédio vencido, mulher é projeto de dermatologista.

Com uma resistência ancestral, o homem coloca uma vez protetor e pensa que está protegido por todo o veraneio. Não compreende que o protetor precisa ser renovado seguidamente, que sai com o mergulho no mar e na piscina, que dura duas horas em média. Botou de manhã e confia que estará valendo o dia inteiro. Não é que confie na infalibilidade dos laboratórios farmacêuticos, é preguiça mesmo, infantilidade irreversível.

O homem é uma criança grande, imediatista, na expectativa da reprimenda materna, que não quer perder o sol lá fora e, ao mesmo tempo, vive reclamando de que não consegue dormir com as queimaduras.

No juízo final, que as esposas perdoem a nossa chatice no verão.

CORNO MANSO, MANSINHO

Contar ou não contar que o seu xará de trago e ressaca está sendo traído? — Eis o maior dilema da amizade. Melhor ser um corno pontual ou um corno retardatário? Há diferença em desvendar a infidelidade antes ou depois? A antecipação diminui o estrago? O colega que não fala que viu a traição estará quebrando o voto de lealdade?

Quantas dúvidas numa só questão.

Meu amigo telefonou desesperado:

— Você está com a sua mulher aí ao seu lado?

— Não, ela está viajando. Por quê?

— Pois é, difícil a situação, não sei se deveria contar. Mas não posso lhe ver sofrer e ser enganado. Pensei duas vezes antes de ligar...

— O que foi?

— Acabei de passar pela calçada da fama em Gramado. Ah... deixa pra lá!

— Desembucha, meu!

— Vi a tua esposa abraçada a um cara, andando abraçada a um cara, em plena luz do sol, nem aí para a multidão! Muito descaramento. Desculpa, meu velho, não queria ser o portador desta notícia.

— Não precisa se desculpar.

— Uma vaca, cara, não merece isto!

— Calma, calma, como era ele?

— Sua altura, barba cerrada, cerca de 50 anos, cabelos pretos...

— Ele está de jaqueta de couro, jeans e bota?

— Sim.

— Previsível. A minha mulher se amarra no estilo selvagem da motocicleta.

— Bah, que m.! Não fala assim que choro.

— Ele não vive rindo?

— Sim, parece muito feliz.

— Ele não está com Ray Ban?

— Como que descobriu?

— Cara, imagino quem seja...

— Você já estava desconfiado?

— Faço terapia, tem coisas que não tem como suportar sozinho.

— Você accita que ela saia com um outro?

— Meu irmão, o que posso fazer? Impossível competir com ele. É batalha perdida. Ele é o homem da vida dela, serei sempre o segundo.

— Como assim, velho? Enlouqueceu? Agora deu para ser corno manso?

— Nada a ver, é que conheço as minhas limitações!

— Não vai fazer nada? Nenhum barraco, não mandará a vadia embora?

— Ela não é vadia, é a mulher que amo.

— Recebe um par de chifres e ainda defende a traidora? Não estou lhe reconhecendo, velho, precisa ser internado. Pirou na batatinha.

— Estou conformado. Há coisas que não há como mudar na vida.

— Não acredito que tem sangue de barata.

— Faz um favor, então, para mim?

— Faço!

—Volta lá, cumprimenta a minha mulher e dá um recado para ela.

— Pode deixar comigo! Ela vai ver com quem se meteu... O que falo?

— Diz para ela aproveitar o passeio com o pai e avisa que venho morrendo de saudade.

NÃO FOI ASSIM

Almoço familiar é uma guerra de recordações. Ainda mais lá em casa: prole numerosa, formada por escritores, promotores e juízes. Há uma disputa vaidosa por quem conduz a melhor história. Um interrompe o outro. A falta de educação é uma arma para ganhar o debate. Falar de boca cheia é uma obrigação para não ficar atrás na conversa. Não há timidez, recato, respeito, trata-se de jogo sujo do início ao fim da refeição; não faltam cotoveladas, chutes por debaixo da mesa e respingos de molho na roupa. Comer é o de menos; desde criança participo de um concurso de contos.

Começo a ciscar uma lembrança:

— A minha tia dizia que fui trocado no hospital.

A mãe logo interrompe:

— Nada a ver, confunde a tia com a sua irmã.

O pai muda o personagem:

— Foi a sua avó.

Insisto no tom professoral, como se a luz me focasse sem a ameaça de o público interferir no escuro. Faço da cozinha o meu palco, as vaias não me pressionam.

— A minha tia me encarava estranho e chamava a atenção para uma incoerência: nasci cheio de pintinhas e depois no berçário não apresentava mais nenhuma mancha no rosto. Como? Ela suspeitava seriamente da troca.

Os irmãos me censuram:

— Não pode lembrar, era muito pequeno. Aposto que é invenção.

É necessário manter a tranquilidade e não ceder à mudança de rotas do pessoal. Passo a bandeja de arroz, a salada, respiro fundo o intervalo comercial e não perco o estribilho.

— Pedi para a mãe comprovar que era mesmo filho dela. Ela me trouxe a certidão de nascimento. Ora, não sou idiota, poderia me colocar como filho no cartório e isso não prova nada.

O pai questiona quando que ele vai aparecer na lembrança.

— Pai, você não está nesta história — resmungo.

Prossigo. É um esforço enfrentar os parentes para terminar uma piada ou uma evocação. Eles têm a mania de duvidar do jeito que memorizamos a infância.

Mantinha a certeza de que fui trocado no hospital. A mãe, chateada com a minha desconfiança, decidiu pôr fim às dúvidas e me trouxe um envelope pardo. Abriu vagarosamente com as fotos do meu avô: a mesma cara amassada, o mesmo desvio de septo, os mesmos olhos caídos, a mesma testa larga. Olhei, olhei e lamentei: "Coitado, ele também foi trocado no hospital."

Enfrento as risadas desonestas da turma, sinto o cheiro do deboche. Ouço gritos de protesto:

— Não foi assim.

O pai conta uma versão. A mãe conta uma diferente. Carla, Rodrigo e Miguel tomam caminhos absolutamente inesperados na interceptação dos fatos. É de enlouquecer para qualquer estranho convidado a comer conosco.

Desisto de tentar definir a verdade. O que descobri ao longo da vida é que todos, inclusive eu, estão mentindo.

A CESTINHA

Minha irmã não queria usar a bicicleta. Havia uma única bicicleta para as quatro crianças da residência. Ela não ousava nem pedalar para ter o gostinho. Ficava furiosa quando eu insistia.

Os pais explicavam que seria muito caro uma bicicleta para cada irmão. Mas ela não se dava por vencida. Passou a infância guerreando pela sua, pedindo nos aniversários e Natais, escrevendo cartas para o Coelho e o Papai Noel. A conclusão dos pais foi de que ela estava sendo egoísta e não pretendia dividir os brinquedos, que protagonizava um ataque de guria mimada — a menina da família! —, que seguia modinha entre as amigas e buscava se exibir com um produto de marca.

Não tinha nada a ver. Erramos o motivo da teimosia. Não significava nenhum motivo vinculado à vaidade. Ela desejava a cestinha. Uma bicicleta com cestinha. A bicicleta mudaria de sexo não com a cor-de-rosa, mas com a cestinha. A bicicleta tornava-se feminina com a cestinha.

Na época, eu somente a achava trouxa, boba, pois bicicleta era tudo igual, precisava contar somente com as correias firmes que não caíssem com as descidas frenéticas das ladeiras.

AMIZADE É TAMBÉM AMOR | 257

Hoje, encontro justiça psicológica em sua luta. A bicicleta com a cestinha é a própria mulher. Faz completo sentido. A cestinha é a primeira bolsa, onde você sai para passear com os produtos de sua beleza. A cestinha é o primeiro ventre, em que você leva a boneca junto ao corpo e explica os caminhos e traduz o que está pensando e observando. A cestinha é a primeira responsabilidade, trazer de volta em segurança o que carregou. A cestinha é a primeira mochila de viagem, confirmação da vocação de nunca sair de casa sem estar preparada para ir longe ou se demorar. A cestinha é a formação dos segredos e mistérios. A cestinha é o namoro da gaveta do quarto com a rua. A cestinha é um banco de carona para a imaginação, para a sensibilidade, para o invisível. Diferente do banco de carona que leva alguém, na cestinha você leva os seus sonhos e as suas fantasias.

A cestinha se situa à frente do guidão como quem espera colher o melhor destino entre todas as direções. Quando Carla recebeu a bicicleta idealizada, aos 12 anos, depois de cinco anos insistindo, ela gritava sem parar, disparando a buzina da garganta. Foi uma felicidade louca. Não recordo bem o que mais brilhava: os seus dentes em riso largo ou os aros das rodas novas.

ONDE ESTÃO OS OVOS?

Nunca vi nenhum homem no supermercado demonstrar preocupação com o destino da caixinha de ovos nas sacolas. Nunca vi nenhum homem controlar o seu lugar no carrinho. Nunca vi nenhum homem orientando o empacotador para não colocar nada pesado em cima da caixinha de ovos. Segue junto das garrafas de litro de cerveja e não se importa, segue debaixo da melancia e não sofre com o erro. Nunca vi nenhum homem monitorando a caixinha dos ovos na hora de pôr as compras no bagageiro. Nunca vi nenhum homem levando consigo a sacola da caixinha de ovos, tal bebê de colo. O homem despreza a integridade da dúzia, é apenas mais um item da lista. Larga para a mão de Deus ou culpa simplesmente o azar.

Já a mulher tem as formas de papelão como o seu primeiro e o seu último pensamento no mercado.

Dispara um alarme biológico, e não relaxa até guardar na geladeira.

Para o homem, são simplesmente ovos. Para a mulher, já são pintinhos indefesos. Agem como donas da granja, chocadeiras emprestadas.

A minha esposa não cansa de reiterar o cuidado, assim como a sua mãe, assim como a minha mãe, assim como a minha irmã, assim como a minha avó. Realizam uma hierarquia apurada do mais leve ao mais forte na distribuição dos produtos.

— Onde estão os ovos? — É a pergunta constante delas no momento do caixa.

O que denuncia a predisposição maternal feminina. A maternidade, ainda que não se revele em filhos, está no sangue. Está consolidada na visão de mundo. Está espalhada nos seus costumes. Está dentro da generosidade do seu olhar. Está no formato de cesto de seus braços.

A mulher desenvolve uma doçura inadiável diante de cenas de orfandade. Seu radar é incansável: seja com os ovos quebradiços, seja com uma criança sofrendo, seja com um cão maltratado, seja com uma injustiça a um idoso.

Jamais é indiferente ao pouco e ao fraco. Ela se fixa na fragilidade para proteger, acolhe o que é vulnerável, não abandona o que pode se quebrar, permanece atenta e firme dando colo para tudo o que carece de atenção.

A caixinha de ovos é banal para o homem — tanto faz. Para a mulher, é a prova de que não escolhe nada em vão nesta vida.

FALHA IMPERDOÁVEL

Para mudar um rosto, existe algo melhor e mais barato do que a cirurgia plástica: só tirar as sobrancelhas.

As sobrancelhas são decorativas, mas fazem toda a diferença na construção da personalidade. Elas resumem a nossa expressão.

É pela sobrancelha franzida que definimos que alguém está brabo. É pela sobrancelha levantada que descobrimos que alguém está assustado. É pela sobrancelha caída que antecipamos a tristeza do outro.

Por isso uma mulher fica furiosa quando erra a sobrancelha, muito mais do que quando erra a cor ou o corte do cabelo. No momento em que uma sobrancelha acaba falhada, não há reparação. O acidente custa caro. Dependendo da falha, pode demorar até um ano para crescer. Imagine aguentar a sobrancelha banguela por um ano. Não duvide das consequências: ela sairá do casamento, da cidade, do país.

MINHA AMANTE

Preciso confessar, amor: tenho uma amante. Você deve ter percebido. Não há como esconder mais. Antes você reclamava, agora cansou diante das excessivas evidências irrefutáveis. O escândalo de seu silêncio me fez admitir. O silêncio é o último estágio da briga. Entendo que nunca me tratará da mesma forma, que estraguei a lealdade, sofrerei os efeitos colaterais da verdade. Sim, a verdade cura, mas somente depois de muita dor e medicação.

Os amigos são contrários à minha franqueza, adeptos de mentir até o fim, mesmo depois do fim. Mas não consigo, pois lhe devo lealdade, eu lhe amo mais do que me amo.

Eu tenho uma amante. Há tempos. Desde antes de nossa relação. É uma amante vitalícia, uma amante estável, um caso antigo.

Você já identificou o dia. É toda a noite de segunda-feira. Sumo por duas horas, não atendo o celular por nada desse mundo. Quando retorno, estou podre de cansado, suor seco, pele lívida. Não demonstro vontade para mais nada, nem para o nosso sexo. Mal converso, a culpa não me ajuda. Vou direto ao banho, ponho bermuda e camiseta, aqueço o que acho na geladeira e deito cedo, sem direito à repescagem das histórias de nosso trabalho. Eu me encontro morto após a escapada, a amante me exige demais. Ela é gulosa, possessiva, autoritária. Desejava que eu me separasse, não aceitei, não me vejo longe de você. Desejava que ampliasse os dias da semana, recusei também, seria ostensivo e chamaria atenção.

Eu tenho uma amante, duro desabafar, fui fraco por errar e por revelar, não aguentei sustentar a minha hipocrisia.

Está explicado por que volto cheio de arranhões, hematomas, machucados. Fico com receio de permanecer nu em sua frente, venho cobrindo as pernas e o dorso quando me visto no quarto. Tenta se aproximar, e me afasto. Não há como justificar a herança da violência em minha pele. Disfarço como posso, com pomadas e cremes. Nunca cicatriza ou desaparece rapidamente, gerando angústia da delação. Pedi que ela não me batesse mais, só que não muda sua natureza violenta — me agarra e me puxa e me derruba no chão.

Tenho uma amante. No momento em que sou chamado por ela, saio de perto para atender o celular. São várias ligações pela manhã, antes do nosso encontro. Converso baixinho, envergonhado com a confusão sentimental. Apago o sinal sonoro do WhatsApp e as mensagens da tela. Sofro tentando sufocar os sinais, despistando e me mantendo alegre e solícito para não entregar o nervosismo.

Compreendo que é uma falta de tato assumir que tenho uma amante publicamente. Dirá que é uma humilhação. Porém, não existe jeito fácil. Que, pelo menos, eu sirva de

AMIZADE É TAMBÉM AMOR | 263

exemplo para outros homens com vida dupla, que tomem a coragem de expor seus segredos.

Tenho uma amante, amor, desculpa. Certamente perguntará quem é. Aposto que conhece e sabe o nome da destruidora de nosso lar: é e sempre foi o futebol.

NÃO EXISTE CONVERSA DE ADULTO

Não deixe de falar o que sente porque o seu filho é uma criança. Não deixe de tocar num assunto que incomoda porque o seu filho é uma criança. Não deixe de expressar as suas emoções e principalmente explicar as suas emoções.

Se está chorando, conte o motivo do choro. Não disfarce, não avise que não é nada. Não minta para a criança. Mentir não é proteger, é confundir. O silêncio preocupa mais do que a voz.

Se está feliz, diga o motivo de sua felicidade. Faça com que ela participe de seus momentos bons e ruins.

Se está com raiva, traduza a sua irritação em palavras. Não mande calar a boca e sair de perto.

Criança é curiosa e deve entender o que está acontecendo para continuar entendendo a si mesma. Criança odeia ser enganada.

Tratamos os filhos pequenos como incapazes. Não existe conversa de adulto, o que existe é conversa sincera para qualquer idade.

Não espere a criança crescer. Pode ser tarde demais.

Criança não é idiota, criança não é boba, criança tem antenas nos cílios, criança tem gravador nos ouvidos, criança guarda tudo o que enxerga.

Criança entende melhor do que um adulto. Adulto costuma só pensar em si, criança pensa em como lhe ajudar.

Criança é o melhor confidente que existe. É um confidente puro, sem segundas intenções. Jamais erra. Ela sabe o que fazer. Vai abraçar quando precisa de um abraço, vai beijar seu rosto para acabar com as lágrimas.

A ESPERANÇA DA MÃE

A morte demora a acontecer, mesmo depois da morte. É lenta e vagarosa quando se ama. A minha esposa Beatriz perdeu a sua mãe, vítima de leucemia, doença que a levou em apenas três semanas.

Ia embora a sua pessoa favorita. As duas dividiram o apartamento, as caronas e as viagens de férias. Amigas a ponto de nunca esconderam nada uma da outra, por mais que preponderasse a diferença de idade e de geração.

O enterro não foi a parte trágica da despedida. Era acenar para o corpo — e o hábito é acreditar que o corpo voltaria no dia seguinte. Complicado é se desvencilhar aos poucos da proteção e confidência maternas. Avisar aos amigos que ela não estará mais aqui, fazer os mesmos caminhos e restaurantes e responder, com as lágrimas já domesticadas pelos cílios, as perguntas constrangedoras e repetidas de "como está a sua mãe?".

A sequência mais pesada estava por vir: esvaziar o guarda-roupa. Não há tarefa tão ingrata e dolorosa. Ainda mais para uma mulher que desfrutava de manequim parecido e partilhava as peças com a mãe. A roupa é o último reduto da saudade: onde o cheiro do colo e do cuidado emana como se fosse ontem.

Trata-se do verdadeiro velório, aquele que é consumado sozinho, longe do amparo dos outros, no ritual de dobrar caprichosamente o fim do familiar na mala para uma viagem definitiva.

Os olhos tinham medo do que podiam encontrar — sofriam a ansiedade de recolher um recado, um símbolo, um aviso pós-morte. Havia um cuidado vigilante na hora de revistar os bolsos sob o impacto de encontrar um bilhete com letra tremida que reabrisse a fé. Nada de assustador surgiu, a não ser as lembranças puras de quem ouvia restos das conversas de antigamente.

— Este é o chambre que a minha mãe colocou na lua de mel.

— Este é o casaco que ela comprou em Gramado.

— Este é o cinto que ela trocou a fivela.

— Esta é a camisa que ela roubou de mim e fingi que não vi.

Ela controlava a sua dor, até perceber vestidos recentemente comprados e que não haviam sido usados. Ali, surpreendida pelas etiquetas, ela se ajoelhou na cama, soluçou o que deu e percebeu que ninguém morre sem querer continuar vivendo.

E teve que, corajosamente, enterrar a esperança de sua mãe.

NASCI PARA CHORAR

Todo escritor nasce de uma morte.

Todo escritor é o filho do fim. O filho da dor incomunicável. O filho dos limites intransponíveis.

Eu nasci da morte de minha avó.

Meu primeiro poema foi feito aos 7 anos, quando minha avó morreu de câncer em Guaporé (RS). Imaginei que ela chegava ao céu primeiro do que meu avô, que havia falecido três anos antes. A mãe reproduziu o texto no convite de enterro.

Sou poeta porque não tenho como justificar o desfecho: como um parente que estava aqui na minha frente deixa de existir para sempre? Que mágica macabra é essa? De que modo posso continuar vivendo e não temer perder tudo, inclusive a mim mesmo?

Sou poeta porque não tenho onde guardar a saudade. Onde guardar quem amo.

A mão escrevendo é um aceno de despedida. O livro pronto é uma lápide. Os jardins da imaginação estão no cemitério das lembranças.

Vim da morte da avó. Antes dela, não tinha necessidade de escrever. Já depois de sua partida, eu não poderia mais viver sem a literatura. A escrita irrompe do fracasso do domínio da vida, quando acontece algo que não podemos controlar. É uma doença cheia de saúde, é uma falta impregnada de presença. É quando alguém parte e combatemos o seu esquecimento. É quando alguém some e lutamos contra o seu desaparecimento. É quando alguém deixa uma história pela metade e procuramos completar o resto com o que sonhamos ouvir.

Sou cria do enterro de Nona Elisa. Da vó que derretia o queijo na chapa, que aquecia a casa com lareira, que me ensinou a colher morangos e buscar ovos no galinheiro de manhã, que contava histórias enquanto cozinhava. A vó que colocava os dedos macios, frios e cheirosos de amaciante em minha nuca na hora que servia o prato.

Convivi com a minha vó somente nos meus primeiros 7 anos. Os anos antes da alfabetização. Ela era o livro mais lindo — o livro que não fora impresso — o livro que andava livre das estantes — o livro que pedia para eu escrevê-lo um dia.

TEMPO EMOCIONAL

Quantas décadas se passaram entre 29 de novembro — madrugada da tragédia da Chapecoense — e 30 de novembro de 2016? Em uma única data, correram quantas semanas?

Foi um pesar violento, que 24 horas e 365 dias não fizeram mais nenhum sentido para abarcar o que transcorreu na intimidade da existência de cada um.

Tudo o que aconteceu em outubro e setembro parece que está longe demais. Eu tenho que me esforçar para lembrar. Sinto que troquei de ano várias vezes em um ano, que me despedi das folhas do calendário em solitária noite.

O choque, o susto, a calamidade inspiram a reprisar o mesmo ato, de tal modo que você vive uma lembrança eternamente. Você recua e avança na recordação sem força para alterar o imponderável. O destino impacta a sua estabilidade, destrói o seu romantismo e nada mais é fixo e imutável.

O sofrimento nos deixa antigos. A dor nos envelhece rapidamente.

O tempo emocional se sobrepõe ao tempo físico. O tempo emocional é o que vigora nas palavras e na realidade sensível. É um

AMIZADE É TAMBÉM AMOR | 271

fim de uma crença que chega antes do fim do ano, é o Réveillon silencioso de um ideal sem espocar de fogos nem brindes.

Não mudamos de idade, não mudamos a aparência, mas somos outros por dentro, amadurecemos forçosamente. É quando somos abalados por uma tristeza tão grande que a sensação é de que atravessamos a metade de um século em um piscar de olhos. Pode ser um desemprego ou um término de um romance, é algo que não esperávamos e que consome a nossa paz e rotina, que devora a nossa tranquilidade e não tem como fingir indiferença.

Choramos, acumulamos insônia e nos encolhemos no sofá em posição fetal assistindo ao noticiário, com os olhos parados naquilo que é passado e que também não se esgotou como futuro.

Quem já não perdeu um familiar e não acordou como se estivesse sonhando, não crendo, com a impressão do impossível experimentado?

Quem já não se separou de alguém que amava muito e não atravessou a mais funda desilusão? Toda renúncia entorta os relógios e adoece a solidão.

O tempo emocional sempre manda quando transformamos a nossa maneira de pensar a vida, quando a ingenuidade é assassinada, quando o nosso riso é mais difícil de sair dos dentes para os lábios.

Com a morte de Tancredo Neves abandonei a infância, com a morte de Ayrton Senna deixei a adolescência, com a morte dos Mamonas Assassinas ingressei na maturidade. A queda do avião com o time da Chapecoense talvez seja o meu portal para a velhice. Já seguro o guarda-chuva como uma bengala, apoiando o peso do país em meus ombros.

SOMOS TODOS CHAPECOENSE

E quando uma cidade inteira morre? Uma cidade para no ar?

Quando uma cidade some e o sangue se transforma em vento?

Quando os relâmpagos emudecem. Quando as estrelas ficam envergonhadas de brilhar e o sol de aparecer.

Quando uma cidade perde as suas residências dentro de um avião? Porque cada homem era uma casa, uma família, uma esperança.

A queda da aeronave na Colômbia que levava o time da Chapecoense matou toda Chapecó na madrugada de 29 de novembro de 2016. Porque Chapecó era a Chapecoense. Nunca vi uma torcida como aquela: pais, mães e filhos levantando bandeiras na Arena Condá.

As ruas se esvaziavam para ouvir melhor o coração do estádio.

Uma equipe movida pela alegria dos moradores que incentivaram com a loucura infantil do bairrismo e da gincana. Um viveiro de vozes, uma caixa de ressonância de gritos.

Uma equipe que veio de baixo, da mais simples e monocromática chuteira, da pobreza da grama em 43 anos de história, que subiu da série D para série A em apenas seis anos em 2013, campeão catarinense por cinco vezes, que se manteve com prestígio na elite do futebol brasileiro e que disputaria a final da Copa Sul-Americana, o que seria seu maior título. Novatos no triunfo, mas veteranos na resiliência.

Vinte duas mil pessoas nas arquibancadas eram 210 mil pessoas na cidade. Setenta e um mortos são 210 mil chapecoenses.

Não duvido que um país inteiro não tenha definhado junto em Rionegro, perto de Medellín, na Colômbia.

Jamais contaremos os mortos da tragédia. Jamais saberemos ao certo o número de mortos. Somos hoje todos desaparecidos.

TRISTE MORTE

Você só vê as vítimas da morte. Até acha que ela é infa-lível. Só visualiza o trabalho feito, os obituários implacáveis, os caixões descendo no chão ou subindo nas paredes, a sua inclemência com todas as faixas etárias.

Mas não enxerga as suas falhas. Não percebe o quanto ela deixa a desejar em termos de aproveitamento.

A morte também é humana e incompetente. Às vezes, se engana de horário. Às vezes, erra a pontaria. Já dormiu em pleno expediente comercial, já fez greve por aumento de salário, já cometeu o vacilo mais bobo e se apaixonou pelas suas presas.

A morte nem sempre acerta. Amarga dúvidas vocacionais e crise de consciência. Fraqueja diante de velho casal que dorme de conchinha e mente para o destino que não encontrou ninguém lá.

A morte não é imbatível como julgamos. Permite aviões com equipamento vencido pousarem, autoriza ônibus com motorista cochilando não cair em curva, salva pedestres desatentos.

Ela sopra vento frio no rosto de suas próximas encomendas para dar chance de se protegerem e mudarem de percurso. Educada, alerta a intuição de cada um antes do fim.

Há mais quase acidentes do que acidentes em seu currículo. Quantas tragédias foram evitadas pelos seus assobios?

A morte é a mais triste das criaturas, nunca é comemorada. Não se dignifica com o trabalho. Não se converte ao bem poupando ninguém. É gerada em nosso nascimento, porém permanece a vida inteira intratável como vilã.

Seus fracassos generosos não são noticiados pelos jornais e terminam desconhecidos. Quem ganha com a omissão é o anjo da guarda, que recebe créditos quando alguém escapa por um fio de uma situação de perigo.

A morte tem seus segredos de amor, sua coragem parece ser a de negar a si mesma. Cansa dos choros, gritos e três batidinhas na madeira, não suporta os arranjos acobreados dos velórios, a comidinha fria e a decoração fúnebre de suas festas.

Certo que também experimenta os seus momentos inspirados e cruéis de guerras, terremotos e chacinas, porém odeia sangue, prefere levar as pessoas dentro do sono, onde pode se misturar à paz das lembranças e conhecer melhor os desejos do falecido. E abomina igualmente o amadorismo de balas perdidas e a crueldade desnecessária do narcotráfico.

A morte nem sempre mata — é a gente que não tem capacidade de provar as suas distrações invisíveis.

BOM DIA, ALEGRIA

Não confio em pessoas sempre, mas sempre alegres. São mentirosas, megalomaníacas, exageram e distorcem os fatos. Não aceitam as pequenas derrotas, os números quebrados, as desilusões, não pedem desculpa, sufocam as contradições naturais do temperamento.

Quem sempre se acha não se conhece, está próximo à loucura.

Todos os meus amigos têm uma pequena melancolia no olhar. Uma tristeza nos fundos dos hábitos. Não são depressivos, nem chatos, muito menos pessimistas. Não reclamam de tudo, só que não aboliram a contemplação de seus dias. Entenderam que a tristeza é fundamental, como a solidão, a fé, o amor.

Ficam quietos por horas a fio lendo um livro e vendo um filme, sem aquela ansiedade histérica e falsa do alegre em tempo integral.

A tristeza é como uma doença benigna, que não mata e não atrapalha, que apenas precisa tomar cuidado para não se agravar.

Meus amigos estudam a si mesmos, para as provas dos relacionamentos. Reservam um momento para examinar seus atos. Não somente põem a mão na consciência, lavam as mãos na consciência.

Essencialmente sadios porque conservam esse sentimento reflexivo guardado. Já perderam alguém importante, já enterraram um familiar, já sobreviveram a romances errados. Não foram sempre felizes, descobriram que a felicidade acaba e se transforma em esperança.

Persevera neles uma honestidade da imperfeição que resulta nos conselhos mais ajuizados.

Meus amigos não experimentaram uma infância idealizada, cresceram entre encrencas familiares e não se fizeram de vítima. Não namoraram o menino e a menina mais famosos da escola, não há glórias unânimes no passado, sofreram bullying e não se diminuíram.

Doces porque deram espaço para amargura. Cumprimentam com ternura, abraçam com cuidado, mantém um pouco da fragilidade de vidro na pele.

São meus soldados com cicatrizes das batalhas no corpo.

Não aplacaram essa sensação miúda de desencanto e humildade. É como assobiar sem querer ou suspirar fundo sem motivo. Não acreditam no sucesso e no fracasso, ambos sinônimos da farsa.

Uma tristeza que é charme, que é simpatia, que convida para a conversa, engajada nos problemas e ruminando soluções em segredo.

Uma tristeza que se contenta com pouco, que oferece pão aos peixes. Uma tristeza subterrânea, necessária para melhorar o mundo. Uma nostalgia do futuro, de escrever cartas e não mandar.

Uma tristeza que veio de algum lugar longe da memória, de uma desconfiança, de uma lealdade quebrada, de uma viagem adiada.

Uma tristeza que não salva o pensamento e sim conforta e acalma. Uma tristeza sábia, que não é excluída do contentamento.

Uma tristeza capaz de dizer bom-dia para a alegria e esperar a resposta.

Meus amigos não choram com essa tristeza, podem estar rindo. E ninguém notar que estão tristes. Demonstram o sorriso sereno de descoberta das limitações de cada um.

Uma tristeza de saber que as coisas não são como a gente gostaria, porém são como a gente pode, que dar o melhor de si ainda não é dar o melhor para os outros e que tudo bem, a vida não é nossa, é somente emprestada para aprendermos a nos despedir.

AUTOR E OBRA

AUTOR

Fabrício Carpinejar tem várias frentes: escritor premiado, jornalista com larga experiência em programas de rádio e televisão, ator interpretando suas crônicas, influenciador digital com cinco milhões de seguidores nas redes sociais, palestrante requisitado no mundo corporativo e professor de Estética no curso de Pós-Graduação da PUC-RS.

O comunicador escreve crônicas diárias para o jornal *Zero Hora*, de Porto Alegre, e semanais para o jornal mineiro *O Tempo*, e é comentarista da Rádio Gaúcha.

Caracterizado por Luis Fernando Verissimo como "usina de lirismo" ou dono de uma influente imaginação destacada por Millôr ("Vai, lê ele, devagar, decifra-o e ele te devora"), Fabrício Carpinejar chama atenção pela contundência e originalidade de suas opiniões.

Com 50 livros publicados, e mais de 20 prêmios literários, dos quais foi duas vezes vencedor do Prêmio Jabuti, Fabrício Carpinejar é um dos escritores contemporâneos brasileiros mais reconhecidos do país.

Suas obras transitam entre diversos gêneros como poesia, crônicas, infantojuvenis e reportagens.

O poeta também é famoso nas redes sociais por postar pequenos pensamentos escritos em guardanapos, que compartilha diariamente com seus seguidores.

Durante dez anos, de 2001 a 2011, trabalhou na Unisinos, onde foi professor e coordenador de curso e idealizou as graduações de Formação de Produtores e Agentes Literários e Formação de Produtores e Músicos de Rock.

Foi escolhido pela revista *Época* como uma das 27 personalidades mais influentes na internet.

No Rio Grande do Sul, tem o título de colunista mais amado e mais lembrado pelos leitores na pesquisa Top of Mind 2021 e 2022, da revista *Amanhã*. E também, pelo mesmo censo, foi eleito o Influenciador Digital mais destacado em 2022. Assumiu o patronato da Feira do Livro de Porto Alegre em 2021.

É uma das figuras mais solicitadas por empresas no país para falar sobre empatia e criatividade em ambientes de crise e adversidade. Entre as beneficiadas: Sicredi, BDMG, Bancoob, Itaú, Grupo Santander, Banrisul, Sebrae, Senac, Petrobrás, Nacional Gás, Unimed, Ajuris, Ministério Público do Rio Grande do Sul, Receita Federal, Tribunal de Justiça do Rio Grande do Sul, Defensoria Pública do Rio Grande do Sul, Natura, Conarec, Simers, Sociedade Brasileira de Cardiologia, entre outros.

Já participou como palestrante de todas as grandes feiras e festivais literários do país, como Fronteiras do Pensamento, Jornada Literária de Passo Fundo e Festival Internacional de Paraty.

O codinome "Carpinejar", que usa para assinar seus trabalhos, é fruto da junção dos sobrenomes dos pais, Maria Carpi e Carlos Nejar.

Redes sociais de Fabrício Carpinejar
INSTAGRAM: @CARPINEJAR / 1,7 milhão de seguidores
FANPAGE: /CARPINEJAR / 1,6 milhão de seguidores
TWITTER: @CARPINEJAR / 849 mil seguidores
TIKTOK @FABRICIOCARPINEJAR / 1,3 milhão de seguidores

LIVROS DE CARPINEJAR PELA BERTRAND BRASIL

Crônicas

Depois é nunca (Bertrand Brasil, 5ª edição, primeira edição em 2021)

Minha esposa tem a senha do meu celular (Bertrand Brasil, 3ª edição, primeira edição em 2019)

Cuide dos pais antes que seja tarde (Bertrand Brasil, 16ª edição, primeira edição em 2018)

Amizade é também amor (Bertrand Brasil, 3ª edição, primeira edição em 2017)

Felicidade incurável (Bertrand Brasil, 2ª edição, primeira edição em 2016)

Para onde vai o amor? (Bertrand Brasil, 5ª edição, primeira edição em 2015)

Me ajude a chorar (Bertrand Brasil, 6ª edição, primeira edição em 2014)

Espero alguém (Bertrand Brasil, 4ª edição, primeira edição em 2013)

Ai meu Deus, ai meu Jesus (Bertrand Brasil, 4ª edição, primeira edição em 2012)

Borralheiro (Bertrand Brasil, 4ª edição, primeira edição em 2011)

Mulher perdigueira (Bertrand Brasil, 7ª edição, primeira edição em 2010)

Canalha! (Bertrand Brasil, 7ª edição, primeira edição em 2008)

O amor esquece de começar (Bertrand Brasil, 6ª edição, primeira edição em 2006)

Coletânea
Bem-vindo (organização) (Bertrand Brasil, 3ª edição, primeira edição em 2012)

Aforismo
www.twitter.com/carpinejar (Bertrand Brasil, 3ª edição, primeira edição em 2009)

Infantojuvenil
A menina alta (Bertrand Brasil, 1ª edição, 2022)
Vovó é poder (Bertrand Brasil, 1ª edição, 2022)
Médico das roupas (Bertrand Brasil, 1ª edição, 2021)
Filhote de cruz-credo (Bertrand Brasil, 2ª edição, primeira edição em 2017)

Poesia
Carpinejar (Bertrand Brasil, 1ª edição, 2020)
Todas as mulheres (Bertrand Brasil, 2ª edição, primeira edição em 2015)
Meu filho, minha filha (Bertrand Brasil, 4ª edição, primeira edição em 2007)
Como no Céu & Livro de Visitas (Bertrand Brasil, 1ª edição, 2005)
Cinco Marias (Bertrand Brasil, 7ª edição, primeira edição em 2004)
Biografia de uma árvore (Bertrand Brasil, 1ª edição, 2020)
Terceira Sede (Bertrand Brasil, 2ª edição, primeira edição em 2009)
Um terno de pássaros ao sul (Bertrand Brasil, 2ª edição, primeira edição em 2008)
As solas do sol (Bertrand Brasil, 4ª edição, primeira edição em 1998)

PRÊMIOS RECEBIDOS

Prêmio Jabuti/2012, edição 54ª, da Câmara Brasileira do Livro, na categoria infantojuvenil, com *Votupira: o vento doido da esquina*.

Prêmio Jabuti/2009, edição 51ª, da Câmara Brasileira do Livro, na categoria Contos e Crônicas, com *Canalha!*

Prêmio da Associação Paulista dos Críticos de Arte 2012, categoria infantojuvenil, por *Filhote de cruz-credo*.

Prêmio Literário Internacional 'Maestrale — San Marco' 2001, MARENGO D'ORO (5ª Edição), de Gênova (Itália), categoria obra em língua estrangeira, com poemas de *Um terno de pássaros ao sul*.

Prêmio Alceu Amoroso Lima Poesia e Liberdade 2012, da Universidade Cândido Mendes (RJ), pela defesa da liberdade.

Prêmio Nacional Olavo Bilac 2003, da Academia Brasileira de Letras, com *Biografia de uma árvore*, escolhido o melhor livro de poesia de 2002.

Prêmio Literário Erico Verissimo 2006, da Câmara Municipal de Vereadores de Porto Alegre, pelo conjunto da obra.

Prêmio Nacional Fernando Pessoa da União Brasileira de Escritores (RJ), categoria Revelação e Estreia, em 2000, com *As solas do Sol.*

Prêmio Nacional Cecília Meireles 2002, da União Brasileira de Escritores (UBE), com *Terceira sede*, escolhido o melhor livro de poesia de 2001.

Prêmio Nacional Eneida de Morais 2016, da União Brasileira de Escritores (UBE), com *Amor à moda antiga*, escolhido o melhor livro de poesia de 2016.

Prêmio Açorianos de Literatura 2001, Secretaria Municipal de Cultura de Porto Alegre (RS), categoria poesia, com o livro *Um terno de pássaros ao sul.*

Prêmio Açorianos de Literatura 2002, Secretaria Municipal de Cultura de Porto Alegre (RS), categoria poesia, com *Terceira sede.*

Prêmio Açorianos de Literatura 2010, Secretaria Municipal de Cultura de Porto Alegre (RS), categoria Crônicas, com o livro *Mulher perdigueira.*

Prêmio Açorianos de Literatura 2012, Secretaria Municipal de Cultura de Porto Alegre (RS), categoria Crônicas, com o livro *Borralheiro.*

Prêmio Destaque Literário — Júri Oficial como melhor livro de poesia da 46ª Feira do Livro de Porto Alegre (RS), em 2000, com *Um terno de pássaros ao sul.*

Prêmio AGEs Livro do Ano 2003, da Associação Gaúcha de Escritores, com *Biografia de uma árvore*, escolhido o melhor livro de poesia de 2002.

Prêmio AGEs Livro do Ano 2007, da Associação Gaúcha de Escritores, com *O amor esquece de começar*, escolhido o melhor livro de crônica de 2006.

Prêmio AGEs Livro do Ano 2008, da Associação Gaúcha de Escritores, com *Meu filho, minha filha*, escolhido o melhor livro de poesia de 2007.

Prêmio O Sul, Nacional e os Livros, categoria Especial Poesia, por *Cinco Marias*, escolhido como o melhor livro de poesia de 2004.

Prêmio O Sul, Nacional e os Livros com *Meu filho, minha filha*, escolhido como o melhor livro de poesia de 2007, edição 53ª Feira do Livro de Porto Alegre.

Prêmio O Sul, Nacional e os Livros 2006, da Rede Pampa, por iniciativa cultural (Curso Superior de Formação de Escritores e Agentes Literários da Unisinos).

Selo "Altamente Recomendável" da Fundação Nacional de Literatura Infanto-Juvenil (FNLIJ) 2011, pelo livro *Menino grisalho*.

Selo "Altamente Recomendável" da Fundação Nacional de Literatura Infantojuvenil (FNLIJ) 2015, pelos livros *Um parafuso a mais* (Edelbra Editora), *Segredos de um violino* (Edelbra Editora), e *A girafa é minha!* (Edições SM).

Impresso no Brasil pelo
Sistema Digital Instant Duplex da Divisão Gráfica da
DISTRIBUIDORA RECORD DE SERVIÇOS DE IMPRENSA S.A.
Rua Argentina, 171 — Rio de Janeiro, RJ — 20921-380 — Tel.: (21) 2585-2000